人生の選択に迷うとき

悩めるクリスチャンのための指針

ジン・ジェヒョク

松田悦子 訳

いのちのことば社

Original Korean edition published by BOOK21 PUBLISHING GROUP
Japanese edition is published by arrangement with BOOK21 PUBLISHING GROUP
through BC Agency, Seoul.

プロローグ　今、曖昧なことはありませんか？

　人生に正解はない、とよく言われます。ですから、人生は曖昧さの連続だというのでしょう。事実、私たちは些細なことでも曖昧さに直面します。待ち合わせ場所に向かうときに、バスに乗るべきか、地下鉄で行くべきか、あるいは車で向かうべきか。移動にかかる時間はほぼ同じですが、道路状況によっても変わりますし、置かれている状況もその時ごとに違うからです。コートを着るか、カーディガンを着るか判断がつかない日もあります。コートでは暑そうで、カーディガンだけでは肌寒そうな、曖昧な天気のせいで、何度も服を着替えたりするのです。

　こうするのもなんだし、別の選択をするのもなんだかなという状況、それを私たちは曖昧と表現します。曖昧模糊の辞書的な意味は、「言葉や態度があやふやで、ぼんやりしていてはっきりしない」ということです。先述のように、何でもないことなのにどうにも迷う状況が、まさにそれです。もちろん中には、自分は何事にも明確だという人もいます。ところが実際、その人の内側をのぞいてみると、はっきりしていなかったり、善悪の基準が揺らいでいたりする場合がほとんどなのです。曖昧なことが多いので、「曖昧なことを決める男〝曖《エ》定男《ジョンナム》〟」というお笑いコーナーがあれほどの大人気を得たのでしょう。この番組で「○○対○○どっちだ！」

というのを見ながら、生活の中で曖昧なことがどれほど多いか、初めて知りました。おばさんとおくさまの違いは何か、映画館の肘掛はどちら側が自分のものなのか、別れた恋人に返してもらうべきプレゼントはどこまでか……。それらの視聴者の疑問を見ながら、〝曖定男《エジョンナム》〟の痛快で明快な回答に笑ったものです。

このように、生活における曖昧な状況はコメディ番組でも決めてくれますが、本当に重要な信仰生活における曖昧な部分は、解答がないように思えます。実際、信徒たちとカウンセリングをしていると、予想よりはるかに多くの曖昧な問題に悩んでいることがわかります。

事実、信仰生活はその多くの部分が曖昧です。聖書をよく知っていても、曖昧なことが起こります。なぜでしょうか。それは、見えない世界を信じているからです。見える世に生きながら、見えない世界を信じる。そこで生じる曖昧さは、単なる理解や知識で簡単に理解できない部分です。信仰によって、信仰の目によって、世で起こっていることを見、その意味を神の御心の中に見出さなければならないからです。しかし、その曖昧さを完全に理解するとき、人生に光が射します。神は、見えない世界を見て信じる過程の中で、より堅く、意志力の強い信仰を持つことを願っておられるのです。

ある方は、見えない世界を知るために祈りなさいと言うでしょう。もちろん、祈りは必要です。しかし、それよりもまず、これまでの信仰生活の中で曖昧だと考えていた部分――曖昧でやり過ごしていた部分――を明らかにして、取り出すことが先なのです。

真理の世界は変わりませんが、人生はなにしろ可変的です。

「つまりは人生とは、解決しない問題、曖昧な勝利、漠然とした敗北の連続なのだ。困ったことは、私たちが人生に向き合うのではなく、ただ分析しているだけなのがよくあることだ。失敗の要因を突き止めるが、失敗を知り、同じ失敗をくり返さないようにと向き合うことがない」

インドのアブドゥル・カラーム元大統領が述べたように、人生は、曖昧な勝利と漠然とした敗北の連続なのかもしれません。しかし、真の信仰の中には、はっきりとした勝利と確実な基準があります。

今、私たちは信仰生活で曖昧に考えていた部分を取り出し、曖昧なものを明確に決めてくれる神に会おうと思います。信仰生活で曖昧な点があることは決して恥ずかしいことではありません。ただ、それを隠して確実なふりをする態度を改める必要があるだけです。曖昧さが続けばつらくなり、さらには不安でたまらなくなるからです。

本書では、信仰生活において最も曖昧に感じやすい部分を三つのパートに分けてみました。まず、人間関係において私たちが持つべき心構え、そして信仰生活で感じるさまざまな曖昧な状況に対する信仰に基づいた対処、さらに見えない信仰の世界に対する確実な証しと真理を整理してみようと思います。

どんなに順風満帆でも、目的のない航海は漂流するという言葉があります。特に問題がないように思えても、曖昧模糊とした信仰生活は漂流しがちです。波風があっても、信仰生活の確実な基準と目標があるなら、成功した航海です。そのような意味で「曖昧なことを決めてくれる神」のメッセージが、目的がはっきりした航海に出る皆さんにとって役に立つナビゲーションとなることを期待しています。

ジン・ジェヒョク

二〇一五年五月

もくじ

人生の選択に迷うとき

――悩めるクリスチャンのための指針

プロローグ　今、曖昧なことはありませんか？　3

PART 1
曖昧な「関係」を決めてくれる神　11

01
この人と付き合ってもいいのか？　13
ある若い女性の不幸な恋愛史 13、恋愛と交際の曖昧な基準 16、果たしてだれと交際するべきか 19、恋愛するときに付いてくる問題 22、恋愛に対する成熟した姿勢 25、相手に対する確信 27、恋愛のための三つの提案 33

02
夫婦か、敵か？　38
夫ではなく敵？ 38、夫婦関係解決のキーを握る人はだれ？ 40、助けるということの曖昧さ 45、夫婦関係回復のキーワード1　妻たちよ！優しくあれ 48、夫婦関係回復のキーワード2　妻たちよ！美しくあれ 55、美しい関係を結ぶ 59

03
うちの子、どうやって育てればいいの？　61
子どもか、苦労の種か 61、行く道にふさわしく教育できない社会 63、何を教えるべきか 67、教える姿勢 76、子どもは祝福です 80

04
人間関係はどうしてこんなに難しいのか？　83
出会いは疲れる 83、人間関係、何が問題か 86、関係、断つべきか？ 90、関係改善説明書 93、良い関係、価値を伝達しよう 98

PART 2

曖昧な「日常」を決めてくれる神　101

05　区別された人生、どう生きるか？　103

クリスチャン？ノンクリスチャン？区別された人生？　103、聖の曖昧さ　105、区別された人生の証拠——言葉　108、区別された人生の証拠——奉仕　113、区別された人生の証拠——所信　115、区別された人生、どうやって歩むべきか　117、Ｓｈｏｗｍｅ　119

06　苦難はなぜ私にだけ起こるのか　122

苦難の象徴、ヨブ　122、Ｗｈｙｍｅ？　124、苦難に対する神の約束　129、道の終わりに出会う恵み　136

07　私に与えられたビジョンは何か　138

ビジョンがありません！　138、ビジョンが曖昧な理由1（ビジョン＝職業？）　141、ビジョンが曖昧な理由2（ビジョン＝野望？）　145、ビジョンが曖昧な理由3（ビジョン＝夢？）　150、真のビジョン　152

08　真の成功と幸福とは　155

成功しても幸福でない人々　155、成功を曖昧にする六つのこと　159、自分の真の価値　164、絶対的幸福を求めて　168

PART 3

曖昧な「信仰」を決めてくれる神 171

09 何が神の御心か 173

神の御心ｖｓ自分の思い 173、私たちが思い違いしている神の御心 176、神の御心に込められた原理 179、神の御心を知る七つの方法 186、神の御心を悟る人 196

10 信仰によって生きる人生とは 199

信仰は歯ブラシと同じ？ 199、信仰とは何か 201、私に信仰があるか？ 204、信仰によって生きる三つの方法 211、どんな鳥になるか 224

11 答えられる祈りは何か 226

祈りの多様なチャンネル 226、上手な祈り？ 下手な祈り 229、祈りの定義、祈りの対象 232、なぜ答えられないのか 237、祈るときに曖昧にさせるもの 240、喜ばせる祈り 250

12 救い、確信していますか 253

救いに対する曖昧な視線 253、救いを確信してもいいのか？ 256、確かに受け入れたか？ 260、天国に行くチケットに対する姿勢 263、救いの特権 269

エピローグ 273

付録 ESSENCE BOOK 281

訳者あとがき 302

PART 1

曖昧な「関係」を決めてくれる神

この世は傷だらけ

家族間の関係が回復せず、家庭が正しい姿を失い、信徒間の関係に亀裂が生じて失望するたましいが生まれます。関係づくりの難しさのゆえです。

人と人が互いに寄りかかっている様子を形象化した「人」、漢字一文字に、この世を生きていく道理が込められています。

神は私たちに、美しい関係づくりの答えを示してくださいました。

「だれが、神と私たちを愛から引き離せようか」

神と私たちが引き離すことのできない愛の関係によってつながっているように、私たちもまた、始まりと終わり、深さと度合い、曖昧さで覆われている関係の中で、愛の視点を持たなければなりません。

主はすでに、関係を結ぶことが最も重要な愛のまなざしであるという答えを、明確に与えてくださいました。

01 この人と付き合ってもいいのか？

ある若い女性の不幸な恋愛史

そろそろ三十代になる若い女性がいました。中高生の頃から教会に通い、青年部の一員として、情熱的に信仰生活を送っていました。友人たちと比べてはるかに熱心な彼女は、祈禱会にも欠かさず出席し、キャンプの日程が決まると会社の有給休暇をまとめて取って参加するほどで、教会になくてはならない働き人として数えられていました。周囲の人々は彼女の信仰を羨ましがりもしましたが、一方で、女性としての人生を考えるときに、心配のまなざしで見てもいました。それというのも、青年部では日曜日ごとに結婚招待状が飛び交っていたからです。

その女性も内心、心配でした。ですから、神が定めた伴侶に出会わせてほしい、そして一緒に信仰生活を歩み、家庭を築くことができるようにと祈っていました。祈りながら、神がだれかを遣わしてくれ、その人と良い家庭を築き、人々の模範となることを想像していました。

そんなある日、変化が訪れました。教会の青年部に出席し始めた一人の青年が彼女に対して、いわゆる「ビビッ」と来たのです。彼はその女性の熱い祈り、情熱的な信仰にほれ込み、勇敢にも付き合いたい、と声をかけました。

女性はその言葉に対して慎重でした。果たして、この青年は神が与えてくださった人なのか、それが知りたいと思い、「祈ってから決めましょう」と提案しました。まだそれほど信仰が深くなかった青年は、彼女の信仰を目の当たりにして、戸惑いました。どう祈ればいいのかもわからないし、とりあえず付き合ってみようと言っただけなのに、祈りの答えまで待たなければならないのかと、理解できなかったのです。

それでも女性は、祈って、神の合図を求めました。祈りながら、なぜかこれがチャンスだという思いを消すことができませんでした。そして、伴侶であるならば結婚をするべきだという事実も。周りから「そろそろ結婚しないとね。よそで探さずに青年部の中から見つけなさい」と冗談半分に言われた言葉まで思い出し、青年部の人々にも助言を求めました。恋愛経験がなかったので、ほかの人の話が聞きたかったのです。青年たちの間で、ちょっとした騒ぎになりました。まだ何も始まってもいないのに、シャンパンを開けてお祝いしたのです。

「付き合ってみよう。この人が伴侶かもしれない」そう決心した女性は、青年に連絡しました。勇気を出して「交際しましょう」と言おうとした瞬間、青年から言われた言葉は思いがけないものでした。

「僕はただ付き合ってみようとしただけで、神様の答えを待たなければならないほど、大げさに受け取るなんて思いもしなかったよ。それにもう、教会で噂になっていて、恥ずかしすぎる。あなたの交際相手として、僕はふさわしくないみたいだ」

女性はひどく傷つきました。せっかく訪れた特別な異性との交際のチャンスを、自分の過ちで逃してしまったような喪失感を覚えました。その上、始まってもいない恋愛にもかかわらず、教会には隅々まで噂が広がっていたので、いたたまれなくなりました。

結局、二人とも教会を離れてしまいました。だれかが何か言ったわけではありませんでしたが、傷をいやすことができないまま、そこを離れることになったのです。残念なことに、教会は二人の立派な働き人を失いました。

二人が去った後、教会ではこのように言う人たちがいました。教会内カップルになりたければ、結婚を前提とする交際でなければならない、恋愛だけのつもりなら、教会を出る覚悟をしなければならない、と。

教会でクリスチャンが恋愛をすることは、本当に難しいのでしょうか。いえ、言い換えるなら、教会に通いながら恋愛をしてはいけないのでしょうか。それは違います。決してそうではありません。永遠ではないこの人生で、若い時間を過ごしている人々にとって、異性間の愛を求める過程は必要であり、有益なものです。しかしながら、恋愛を通して異性と特別な関係を持つことの曖昧さについて解決できないならば困難が生じるだけです。

青春期の男女の心を最もわくわくさせ、悩ませ、喜ばせるもの、それが恋愛です。その恋愛に対する考えと姿勢を少し変えるだけで、青春期の男女は、だれでも恋愛することができます。

恋愛と交際の曖昧な基準

果たして、恋愛をしてもいいのでしょうか。恋愛はだれもがしたいと思っていますが、いざ「恋愛したい」と堂々と言うのは難しいものです。特に、霊的な人は、なぜか恋愛はいけないものではないかと考えたりもします。霊的な聖《きよ》さに、恋愛という単語をあてはめようとすると、なぜか質的に劣るようであり、もう少しひどい表現をすれば、堕落したような感じもします。このような視点によって、クリスチャンにとって恋愛はさらに曖昧になります。

これほど恋愛について曖昧になる理由は、果たして何でしょうか。なんとなく聖く思えない理由は、結局、神が恋愛をどう考えておられるかがわからないということです。結論から言えば、恋愛に対する神の立場は「ＯＫ」だと、大胆に言うことができます。

聖書にはっきりと記されているように、この地に家庭を作った方は神です。本当に美しい家庭を築くことを願い、主が結び合わせた男女が出会うことを願っておられるのです。創世記2章18節には、「また、神である主は言われた。『人がひとりでいるのは良くない。わたしは人のために、ふさわしい助け手を造ろう』」とあります。結婚を定めた方は神です。ですから神は、美しい家庭を通して、すばらしい祝福を与えたいと願っておられるのです。家庭は、神の贈り物です。結婚を定めた方が、良い助け手に出会うための準備段階である恋愛に反対なさるはずがあるでしょうか。

問題は、自分の助け手はだれか、その相手は主が結び合わせた人か、どうやってその人を知っていけばいいのか、また、知り合う中でふさわしくないと感じたらサッサと別れていいのか、といった曖昧なことが引っかかるところです。

まず、恋愛についての曖昧な基準を整理する必要があります。実際、恋愛という二文字の単語には、多様な意味が含まれています。男女が一度会う、いわゆるデートする仲、そして、交際する仲などは、恋愛とどのような違いがあるのでしょうか。

確かな基準なしに、すべてを恋愛という広い範疇に押し込めてしまうとわかりにくくなります。いろんな人と親しくしてはいないか、浮気者になっていないかと後悔することもあります。

ここで恋愛についての定義をはっきりと整理しておきましょう。私たちがよく言うデートとは、一度会ってみることを意味します。互いに知り合おうとする時間を過ごすこと、それがデートです。それを恋愛と呼んでしまうと、恋愛の範囲が広くなりすぎます。

一、二度デートが続くと、交際となります。つまり付き合う時期に入るのです。こうなると彼氏、彼女、と言うことができます。この段階は、ほかの異性には目を向けないという暗黙の約束をした状態です。デートの段階では、ほかの異性に会うこともできましたが、交際の時期に入ったなら、一種の約束をしたことになります。ここでもう一つ考えるべき問題は、交際の目的です。

最初にデートをするのは、相手を知るためです。「知らなければ、始まらない」という言葉があるように、相手を知るためにデートをする。そうして、持続的に相手について知っていくと、互いに理解する段階になります。その段階が交際の段階といえます。二人が互いに、もっと知り合おうということです。二人だけの共感を通して、さらに成熟した段階へと知っていくこと。神が二人の間に一つの家庭を築き、その結婚を通して、深い関係まで進むことができるかを知るために、交際を始めるのです。この段階が恋愛だといえます。

恋愛でつらいことの一つが、別れです。これについて確かな考えが必要です。デートはいつでもやめることができます。一回会って「違う」と思えば、会わなければそれまでです。交際もまた同じです。特別な関係として互いに理解し、知り合う段階であっても、別れることができます。愛の感情が熟しても、別れることはできます。結婚を準備する段階に進む過程でも、別れることができます。結婚とは一つの家庭を築くことなので、愛以外にも、環境を支配するものが確かにあるからです。

しかし、重要なことは、別れることができる恋愛であっても、後悔しない交際をしなければならないということです。恋愛は、神が願っておられる家庭を築き、神が与えてくださる助け手と出会うための準備段階です。ですから軽く考えてはいけません。交際は慎重に、しかし、人を知っていく機会は自由に持つことが、恋愛に対する姿勢だといえます。

果たしてだれと交際するべきか

自分の相手はだれだろうか。結婚するまで、この問題は一世一代の重要な事案です。だれが良い相手かよくわからないので、恋愛するのが怖いこともあるかもしれません。焦っていると、出会う人が皆、神が遣わした人のように見えることもあります。また、客観的な評価を得ようと思って周囲の人々に聞くと、自分は良いと思うのに、周囲の人は違うということもあります。このようなとき、果たしてその人と付き合いを始めるべきかどうか、判断が曖昧になります。そうして、交際するかについて自分なりの基準を持つようになります。

ある人は、信仰だけを見るという基準を持っています。

「そうだ、信仰だけを見よう」

信仰を見る、という基準を決めたなら、信仰についてよく知らなければなりません。信仰が良ければ教会で熱心に奉仕するだろう、と判断してしまいやすいからです。しかし、聖書が語る真の信仰とは、神の価値観を持って生きることです。

信仰とは、単純に教会でだけ顔を出すものではなく、聖書的な話ばかりをすることでもありません。実際に神とともに生き、ともに歩んでいるかが最も重要な観点です。ですから、どんな信仰なのかが、その人にひかれるより大きな要素になります。

ところが、信仰という基準で、あるジレンマに陥ることがあります。よく「ほかのことはともかく、信仰さえ良ければいい」と言う人がいます。多くの場合、信仰が良いという人を見ると、ほかの部分に弱さがあるように思えます。信仰が良いと考えられている人は信仰観がはっきりしているので、社会生活において自ら制限したり、また、制約を受けることもあります。そうすると、人々との付き合いで限界が生じたり、諦めなければならないことも出てきます。本人にとっては決断をもってしたことでも、見ている人には弱さと思えることがあるのです。

こういう意味での信仰は、意味がかなり狭くなります。信仰一つ、それでも信仰があるんだから、信仰だけを見て会ってみなさいというときの信仰は、信仰の本当の意味を色褪せさせているのです。しかし、事実はそうではありません。むしろ、信仰がある人はほかの部分も優れており、立派なはずです。本物の信仰はすべてを豊かにする大きなパワーです。本当に信仰があるなら、ほかの部分においても、勇気をもって、望みをもって、誠実さをもって、親切と礼儀正しさをもって、品性とビジョンに向かってより大きなものを持つことができるからです。

またある人は、霊的なことにだけ依り頼んで、交際の基準を決定しようとします。先に登場した女性のように、最初の出会いから祈りをもって決定します。自分が気に入った人について、祈ってから、その人のところに行って話すのです。

「神様に祈ってみたら、あなたと結婚しなさいっていう答えが与えられたの」

普段からとても祈る人なので尊敬の対象ではありますが、いざ、霊的な告白（？）を受けた相手は戸惑います。もちろん、神が祈りの中で確信を与えることはありますが、神が願う恋愛のかたちは、片方の一方的で霊的な決定というよりは、互いが心を開いて心をやりとりする関係です。言い換えれば、神は交際の中で成熟していくことを願っておられるのです。

ところがここで問題が起こります。気に入った人に出会ったのに、その人に信仰がないことがあるのです。それでも心ひかれて交際していくと、結婚する可能性も出てきます。このようなときはさらに曖昧になります。

これについては、コリント人への手紙第二6章14節を思い出すといいでしょう。

「不信者と、つり合わないくびきをともにしてはいけません。正義と不法に何の関わりがあるでしょう。光と闇に何の交わりがあるでしょう」

このみことばに交際の知恵があります。つり合わないくびきを負ってはならないというのは結婚を意味しています。信じていない人と、交際もしてはならないということではありません。

もちろん、この時点で次のように言うこともできるでしょう。今は信じていないが、結婚してから熱心に信じると決心する、と。このような人も時々いるでしょうが、結婚したら信じるというのは、可能性が低いことです。

デートも交際も、あらゆる可能性が開かれています。自由に会うことができ、縛られません。ただし、相手に良い影響を与えるべきなのに、そうできない可能性があるなら、その恋愛は一度慎重に考え直す必要があります。自分にそれだけの信仰がないなら、二度考え直さなければなりません。

このように、恋愛の相手が、果たして良い人か判断することは簡単ではありません。しかし、本当の信仰があるかを集中してよく見ながら、私たちとは違う基準を持つ人々を理解する成熟した視点を持てるなら、勇敢に始めてみるといいでしょう。出会いがないという青年たちが多くいます。しかし、神は創造以来、男女が家庭を築くことに満足し、それを願っておられます。必ず、良い人、信仰の人がいます。

恋愛するときに付いてくる問題

一人の青年がいました。恥ずかしがり屋ですが、黙々と教会で奉仕し、喜んで献身する青年でした。そんなある日、青年からうれしい知らせがありました。バラ色のロマンスが始まったというのです。青年たちの間で、相手はだれなのか、一大討論が起こりました。皆に祝福されて礼拝に出席した彼は、恥ずかしがりながらも恋愛史の一部を打ち明けました。どこで出会ったのか、何回会ったのかは話しましたが、彼女の身の安全（？）のためにだれなのかは言いませんでした。とにかく青年は顔が明るくなり、雰囲気も明るくなり、恋愛の花が咲きました。

ところが問題は次の週から始まりました。恋に落ちた彼が、礼拝の時間に遅れ始めたかと思うと、二週間後には礼拝を欠席したのです。初めは何か問題が起きたのかと思いましたが、その後も青年は続けて礼拝をおろそかにしました。自分がリーダーの集まりはもちろん、とりなしの祈り会にもちょっとだけ顔を出して帰るようになり、青年たちの間で文句が出始めました。恋愛をするとどうして人はあんなに変わってしまうのか、など、何のかのと言うようになりました。

次の日曜日。礼拝の三十分前にその青年が祈っている姿がありました。そりゃそうだ、彼の信仰がなくなるわけがないと人々が喜んで近づくと、青年の表情は尋常ではありませんでした。どうやら泣いていたようです。聞くと、青年の短い恋愛は五週間で終わってしまったのです。礼拝後の集まりで、青年は燃え上がった恋愛について懺悔を始めました。彼女に目がくらんで教会の奉仕もおろそかにし、特に礼拝に忠実でなかったことを悔い改めました。

青年は、再び以前の信仰生活を取り戻しました。そして、いくらも経たないうちに、教会内の女性信徒と交際を始めました。今度は同じ教会のメンバーだったので、周りの人々は慎重ながらも、よかったという反応でした。ところが、また問題が始まりました。二人とも青年の礼拝を休むようになり、ついには顔も出さなくなったのです。今度は青年たちも理解できませんでした。その青年には前科（？）があり、その上、彼女の信仰までいいかげんにさせたからです。このカップルは付き合いが続いていたようですが、聞こえてきた噂によると、結局は別れ、その後、青年は通っていた教会に来られなくなりました。

恋愛をすれば、もちろん二人だけの時間を少しでも長く過ごしたいし、二人でしたいことも多くあるでしょう。しかし、恋愛に意図された神の御心は、助け手として、すなわち家庭を築くために交際の時間を持つことです。それなのに考え違いをすることから問題が生じます。神のよい意図にもかかわらず、いざ恋愛をすると全く違うところに行ってしまうことが多いということです。教会の祈り会で出会う。神の御心を求めるために祈り、出会い、デートするところまではいいのですが、交際を始めると祈り会に出席しない。バイブルスタディで出会って、好きだという感情でデートを始める。そして、交際を始めると教会で見かけなくなる。

もちろん、さまざまな理由があるでしょう。交際している姿を見られるのが恥ずかしいとか、制約があると感じることもあります。しかし、確かなことは、神が意図された結婚に向かって備える過程で、互いを深く知る愛の関係にも、神がともにおられるべきだということです。神のいない恋愛は、人のうわべに集中し、霊的な内面を見抜く機会を失わせます。

つまり、「恋愛をしてもいいのか」という質問には、当然「よい」と答えることができますが、どうやって恋愛するべきかという質問には、「神のお考えどおりに」と答えるべきでしょう。恋愛もまた、神が準備されました。神にゆだね、神の意図を悟って恋愛を始めればよいのです。もちろん、このようなよい意図にもかかわらず、恋愛がうまくいかないこともあります。

特に教会内で恋愛をしていてうまくいかないと、人々の視線が集まってつらくなります。そのようなときは、すべての恋愛が結婚につながるわけではない、という心の余裕が必要です。また、もう少し広く考えるといいでしょう。いつの日か、結婚して子どもが生まれたら、親の立場から子どもがどんな思いで神が願われる交際をすれば良いのかを、あらかじめ考えることができる。そんなことを考えながら、少し離れて客観的に考える視覚を持つなら、交際に臨む心構えがより洗練されることでしょう。

恋愛に対する成熟した姿勢

あるとき、結婚式の司式を頼まれたことがあります。ところが、式を目前にした二人が私を訪ねて来てこんなことを言うのです。

「先生、私が卒業した大学ですが……。違う大学だってことは、決して言わないでください」

このようなカップルが時々います。学校の話をするなというのですが、その話を持ち出すと親といさかいが起こるというのです。だから当然、学歴を隠して嘘をついたのでしょう。

彼らの願いどおりにはしましたが、果たして正しかったのでしょうか。恋愛において、この人が良い相手なのか、信仰の人なのかという基準に照らして選ぶのも難しいのに、親の基準に合わないとまでなれば、もっと大変になります。

恋愛——男女が互いに知り合い、結婚を前提に交際するその過程において、親と基準が違うことはあるでしょう。ドラマでよくある親子間の葛藤は、どちらの側に立つべきか曖昧です。愛さえあればという子どもの立場も十分に理解できますし、同じくらい環境も重要だという親の立場も理解できなくはないからです。

ここで重要なことは、親の基準を理解する成熟さがあるか、ということです。実際、恋愛における親子間の葛藤は、表れ方は違っても内情は同じです。子どもの幸せのため、という点です。たとえば、親が交際に反対している理由を聞くと、間違ったことを言っているわけではありません。親が考える重要な条件もあります。それを認めながら、より大きな絵を描く成熟さがあればよいのですが、そうでもありません。ほとんど場合、親が反対する理由に耳を傾けるどころか、まず反発するからです。

親と葛藤が起こるとき、まずは親の基準を理解しなければなりません。親が生きてきた人生や価値観を認めて、尊重する成熟さを持たなければなりません。また、交際している相手に対する確信があるなら、成熟した姿勢で説得することができなければなりません。自分が見る相手の長所を伝え続け、理解させるのです。そうすれば、葛藤の輪をほどくことができます。

結婚して一つの家庭を築くことは、自分の役割です。ですから一番身近で始まる葛藤の要素も、自分が責任をもって理解する姿勢を取れなければなりません。

相手に対する確信

「先生は、どうやって奥さんと結婚することになったんですか」

「そうだね。私たちは大学生のときに出会ったんだ。最初は、特別な感情はなかった。ところがある時、インドに短期宣教に行くことになって、そこで二か月間、一緒に生活して子どもたちの世話をしたり、医療の働きを手伝ったりしていて、目が合うようになったんだ」

「どうしてですか。奥さんの見た目が気に入ったんですか」

「いや、現地ではちゃんと顔を洗うこともできないし、髪だって三〜四日に一回洗えるかどうかだ。だからみんな、その辺のおじさんみたいになってしまう。見た目なんかみんなめちゃくちゃさ。でも、ある瞬間、彼女が薄汚い格好で子どもたちと遊んでいるのを見て、突然、胸が熱くなったんだ」

「じゃあ、奥さんは先生のどんなところが気に入ったんですか」
「私もそこで目がくらんだの。宣教師として使命を受けた人だから、関心を持っていなかったんだけど、インドで献身して熱心に奉仕している姿を見て、偏見はなくなったの。そういう目で見ると、もじゃもじゃ頭がモデルのヘアスタイルに見えたし、目やにがついた目も、大げさに言えば、チャン・ドンゴンの目に見えたわ。ほほほ」

これがまさに恋に落ちた心理状態でしょう。目がくらみ、その人のすべてが良く見えるのです。普段は短所だと思っていたことも最高の長所に昇華されるプロセスこそ、恋に落ちたことを意味しています。その状況で、愛する相手が最上のパートナーだと確信します。しかし、果たしてそうでしょうか。

恋愛をする世界中の男女の最も重大な話題は、相手が果たしてベスト・パートナーかどうか、ということです。実際、その判断はとても曖昧です。恋に落ちて目がくらんだとしても、一生目がくらんだままでいるわけではないので、途中で「この人ではないかも」と後悔することもあります。

一目惚れをしたという人がいます。一目で恋に落ちたので、神が遣わされた人だと言います。ところが、デートの段階では一目惚れも通じますが、いざ交際へと進むと一目惚れでは足りません。二目で、じっくり見なければなりません。その人について知るために集中しなければならないのに、一目だけでは問題になります。

「fall《フォール》 in《イン》 love《ラブ》」は、恋に落ちたときに使われる表現です。ところが、この表現に恋が持っている属性の限界があることを知らなければなりません。「落ちる」ということは、再び上がること（fall《フォール》 out《アウト》 of《オブ》 love《ラブ》）もありえることを意味しているからです。この感情が強いものであっても、強力な感情がすなわち愛ではないこともあります。

それなら、果たしてその人が、神が定めたパートナーなのかをどうやって知ることができるのでしょうか。確かなことは、神が指さして「あの人があなたのパートナーだ」と言ってはくださらないということです。ただ、あなたに結び合わせてくださる人ならば、その人との交際を通して、神の方法によって二人に思いを与えてくださいます。

相手に対する思いは、「私たちは互いに理解し、献身することができるか。私はどこまであの人のために助け手になれるか」という考えに発展します。

夫婦間に問題が生じる原因は、自分ではなく、相手が助け手になることを願う心にあります。それは、助けるという聖書的な意味を誤って解釈しているという理由もありますが、その解釈を離れて、結婚に臨む心構えを転換しなければならないことを意味しています。助けるとは、パートナーより下の立場にいることではありません。聖書が言う「助ける」とは、単なるヘルプ（help）ではなく、もう少し高次元の献身を意味します。助けるという単語を聖書で探すと、おもに神が私たちを助けるときに使っています。霊的に、生活的にすぐれていなければ、心から助けるということはできません。ですから助け手に対する認識の転換が必要です。

交際相手に対する確信は、このような認識の転換をもたらす自然な感情として現れます。いわゆる一目惚れはとても強く迫ってくるので、自分だけのことを考えてしまいがちです。その人を愛するのではなく、恋することそのものにはまっていることもあります。そうすると、相手についてちゃんと知ろうとしない、という過ちを犯すことになります。

愛の感情を信じすぎる人がいました。その人は自分の感情に忠実なことが最善だと考えていました。恋をするときも自分の感情だけを重視し、相手に対する熱い思いがあるか、いつも胸がときめいているか、そのような感情的なことにだけ目を向けていました。しかし、私たちが知っているように、恋の感情はいつまでも踊っているのではありません。科学者たちが証明したように、いわゆる恋の感情、胸のときめきは三か月しかもたないというではありませんか。そのような理由で、その人はいつも三か月以内の短くて強力な恋の感情を経験するだけで、今なお、胸をときめかせる相手を探し回っているという悲しい話です。

また、司式の打診に来たカップルがいました。いろいろと話を聞き、互いの長所を話すように言ったところ、二人ともとてもうれしそうに話し始めました。おそらく、互いに好きだという感情が最高潮の状態だったのか、そんなことまで長所になるのかと言いたくなるようなことも長所として挙げていました。そのとき私が冷水を浴びせるように、互いの短所も話すように言いました。すると、急に貝のように黙ってしまいました。何も短所はないというのです。

彼らを見ていて、ほほえましいというよりも心配になりました。互いの短所を見ることができなければなりません。短所を見た上で、長所より短所をさらに愛せるようにならなければなりません。短所さえもカバーして、自分が助け手になることができると確信するとき、真のカップルになることができるからです。

恋愛を通して真のパートナーに出会うには、その人と出会い、理解し、確信するプロセスを経なければなりません。胸がときめき、目がくらんだ状態で、目に見える現象だけに集中してはいけません。先に述べたように、強力な感情は自分自身の感情にすぎません。感情に重きを置くあまり、ほかのことが見えていないという可能性が高いのです。

本当にその人に対する確信を持ちたいなら、女性であれ、男性であれ、果たして自分が相手の助け手になれるか、互いにどれくらい理解し、献身できるか、考えてください。恋愛は楽しくて幸せな時間ですが、内面で多くのことを考え、自分自身についてもっと省察する時間でもあります。それでも愛する思いが変わらないなら、その人は神が備えたパートナーである可能性が高いといえます。

長い間、子どもを望んでいた夫婦がいました。切実に待ち、熱心に祈る中、ついに妊娠して十か月後、子どもが生まれました。ところが、その子に障がいがありました。

あれほど長い間、待ち望んで祈っていたのに、障がいを持った子を見た瞬間、夫はとても胸が痛みました。何も知らない妻にその事実を知らせなければならないのに、ひどく傷つくだろうと考えると話す自信がありませんでした。そこで何日か隠したまま、子どもの状態だけを報告していましたが、ある日、妻が夫を呼びました。ほかの人から子どもの状態を聞いたのです。

「あなた、大丈夫よ。神様が、つらくて険しい世の中にこの障がいを持った子を送らなきゃならなくて、どの親がこの子を一番愛し、祈り、受け入れ、赦し、理解してくれるか探していて、私たちを見つけてくれたみたい。だから神様がこの子を私たちに下さったのよ。そう考えて、この子を育てましょう」

まだ体も回復していない妻の毅然とした言葉に、夫は思わず涙を流しました。この夫婦は互いに堅く抱き合って神に感謝の祈りをささげ、子どもをさらに愛することを決心したそうです。

神が備えた結婚は、この家庭のようだと思います。神がその人のパートナーを探しに探して、私を見つけたのです。たとえ足りない点があったとしても、その人の助け手にふさわしいと考えて与えてくださったのです。

今、交際している人が果たして自分の伴侶なのか確信する方法は、ただ一つです。相手の短所も理解する成熟さと献身によって、助け手になれるという忍耐と愛の心が生じるなら、その心は神が与えた心です。

恋愛のための三つの提案

「先生、とってもさびしいんです……」

時折、「独り身が寒い」と言って訪ねてくる青年たちがいます。それもそのはず、天気も良くて桜が満開の道をひとりで歩くのを想像すると、それも楽しいでしょうが、それでも美しいカップルよりはスリルがないのも事実です。だからといって信仰生活をちゃんと送っていれば、みんないつかは必ず出会いがあるよ、と言うよりは、もう少し具体的な話をする必要があると感じています。

ですから、恋愛に関する曖昧なことについて決めても、望みが見えない若い男女のために、恋愛のための三つの提案をしようと思います。

まず、恋愛をうまくする最初の提案は「自分を準備しなさい」です。正直なところ、恋愛がうまくいかない理由を突き詰めると、自分はそのままでありながら、相手は白馬に乗った王子や親指姫であることを願っていることです。準備ができている自分より、飾り気のない自分を見せることを追求すると言って、ありのままを見せようとするのですが、多くの人々が自分を飾ることと準備することを混同しています。

準備することと飾ることは違います。準備することと飾ることの一番大きな違いは、内面と外面にあります。準備が内的な美しさ（inner beauty）に集中することとするならば、飾ることは見た目に重きを置くことを意味しています。

恋愛には準備が必要です。その準備は、恋愛に先立って自分自身を点検することです。果たして自分は助け手になれる魅力的な人か、信仰が必要です。人の心をひくためには多くのものが必要だと考えますが、必ずしもそうではありません。本当に自分の内なる人は愛する準備ができているか、理解する心があるか、内なる人が準備されなければなりません。

もちろん、見た目も美しく、内面も美しければそれ以上望むことはありませんが、そうはいかない場合がはるかに多いでしょう。私ももう少し背を高くしたいと一生懸命に食べましたが、背は伸びずに横に広がっただけ……。このように、人間の力ではどうすることもできないことがあります。ですから医学的な技術に依り頼むより、内なる人を準備することが知恵深いことなのです。

内面にある考えと意識について、できることが確かにあります。ある人は内なる人がきちんと準備できておらず「だれが私になんか関心を持つだろうか」「自分でも自分にがっかりしているのに、恋愛なんて……」このように諦めていることがあります。見た目はいいのに内面の準備ができていないせいです。一方、内面が準備できている人には、時間が経てば経つほど、知れば知るほど、引きつけられます。

ですからまず、自分自身から準備しなければなりません。考えを変えて、正しく確立しなければなりません。愛する心、相手を理解する心、忍耐する心、自分を尊重する美しい心を抱くことです。その心は顔に現れます。美しさを抱くとき、顔が輝く。その光が相手に伝わり、肯定のエネルギーが交際を美しく、豊かにするのです。

あまりにも常套的でよく知られた言葉ですが、どんなに顔がかわいくてスタイルが良くても、配慮し、理解する心がなければすぐにしおれてしまいます。それほど心は重要です。

特に、美しい心は神が私たちに与えてくださったものです。私たちを美しく造られた神が美しい心を与えないはずがありません。私たちにできることは、自分が変えることができ、自分が磨くことができる内面を整えて準備することです。

二つ目の提案は、「知恵深く、熱心に探しなさい」ということです。ある女性が結婚相手のために熱心に祈りました。メモ用紙に配偶者の条件として願うことをぎっしりと書いて、積極的に祈りました。ところが、この女性の問題は、そこで終わっていることです。祈りさえすれば天から配偶者が降ってくるわけでもないのに、それ以上の努力をしませんでした。

恋愛するためには、熱心に探さなければなりません。だからといって、あまりにも積極的に食いつくのも困ります。牧会を始めた頃です。まだ未婚の伝道師だったとき、時々、招かれて講義をしたことがあるのですが、講義を終えると立ちふさがる女性たちがいました。私の前に立ちふさがって、いきなりこんなことを言いました。

「先生、私は祈りの中で、献身者と結婚する召命を受けました」

こんな宣言（？）を聞くと恐ろしかった記憶があります。恋愛対象を探すときは、積極的でありながらも、知恵深く探す姿勢が必要です。神が備えられた人、結婚を通して家庭を築くというすばらしい祝福は求めるべきものであり、祈って探し、準備しなければなりません。結婚という重要な問題、それゆえに人生が変わるかもしれないのに、祈りをおろそかにしてはいけません。ただし、猪突猛進的だったり、押し付けたりせず、知恵深く探すことが必要です。

最後に、三つ目の提案は「神の導きを信頼しなさい」ということです。恋愛は焦ってはいけません。焦れば焦るほど人をちゃんと見ることができず、選択の幅も狭まり、誤った選択をする可能性が高くなります。確かなことは、私たちのパートナーは神が備えておられるということです。一度も恋をしたことがないという青年たちは、神がだれも備えてくださっていないと恨んだりもします。しかし、重要なことは、神がパートナーを備えておられないのではなく、自分が果たして助け手になれるかを先に考えて、神の備えを求めるべきだということです。そうするなら、自分だけで積極的にパートナーを探し回るのではなく、神とチームを組んで探すことができます。恋愛は、神と一つのチームとなって最もふさわしい相手に出会い、愛する過程を経るときに最も輝きます。神が備えたパートナーが確かにいます。

若い頃、私もまた配偶者のために主に祈りをささげました。まず、交際を始める前に聖書を読みながら、最も気に入った三人を選びました。それはサラとルツ、そしてマリアでした。夫アブラハムの助け手として一生をともにしたサラ、姑に従って孝を尽くしたルツ、主のはしためであると告白して御心に従うと言ったマリア、この三人の女性の姿を持つ人を与えてくださいと祈りました。大学時代からささげ始めた祈りは、大学四年の時に答えられ、今の妻に出会い、聖書に出てくる三人の女性の姿を今も見ながら過ごせることは感謝です。

恋愛には知恵がなければなりません。まず、自分の内なる人を美しく整える知恵がなければならず、積極的ではあっても猪突的ではない導きをもって探さなければならず、いつ、どんな状況でも最も良いパートナーを備えてくださる神の知恵を信頼しなければなりません。この知恵を求めて交際に臨むなら、わざわざ努力しなくても美しい香りが放たれるでしょう。

人生の若い時期を過ごしている青年たちにとって、男女関係ほど胸が震え、どきどきさせる関係はありません。後悔なく、恥ずかしくもなく、苦しみもなく分かち合える、美しくて成熟した交際と、美しい結婚ができるように、準備と知恵が必要です。そうするとき、神が備えられた交際の祝福、家庭の祝福が待っています。

02 夫婦か、敵か？

夫ではなく敵？

毎日大声を出す家がありました。ほぼ毎日、夫婦の争う声が塀を越えて聞こえていたのに、ある日ぱったりと途絶えました。不思議に思った人がその家に行ってみました。すると、夫に対する妻の態度が完全に変わったことがわかりました。どんな心境の変化があったのか聞いてみたところ、その妻曰く、先週の教会での説教でとても恵まれたのだというのです。

興味をもった訪問客が尋ねました。どんな説教だったのかと。すると妻の口から出た答えはこうです。

「汝《なんじ》の敵を愛せよ！」

夫婦喧嘩は犬も食わないと言います。何でも食べる犬さえも見向きしないほど、何の役にも立たないものだという意味です。それにもかかわらず、この世界の少なくない家庭で、夫婦間の声なき戦いが起こっています。

もう少し深刻な話をすると、二〇一二年の韓国の離婚率がＯＥＣＤ加入国で一位になったそうです。二〇一二年に離婚した夫婦が十一万四千三百余組に上ったといいますから、実に驚くべき数値です。離婚事由は、愛するようになった理由と同じくらい多様です。

ほとんどの夫と妻は互いに違う気質を持っています。初めはそれが魅力でひかれますが、結婚後はそれがかえってお互いを苦しめる'opposite attract and then attack'（反対的な性向にひかれるが後にかえって反対の性向のゆえに攻撃するという意味）になります。それ以外にも性格の不一致、姑との葛藤、何となく嫌いになって、などなど、理由のない墓がないように、高くなる離婚率の分だけ家庭崩壊の理由も増えました。

仮に離婚にまでは至らなくても、問題は存在しています。多くの家庭で夫婦関係において歯車がかみ合わないケースが見られます。特に教会で女性役員の話を聞くと、同じ役員である夫の悪口が行き過ぎて、まるで敵だと考えていることが多くあります。

「もうあの人ったら全然役に立たないのよ。全く仕方ないわ」

それでも人間扱いされることを感謝するべきなのかもしれませんが、家に残して来れば気がかりで、一緒に出かければお荷物になり、一人で送り出せば心配になり、向かい合って座れば敵になる夫との関係は尋常ではありません。家族なのか敵なのか、曖昧な瞬間が多くなります。

夫婦関係解決のキーを握る人はだれ？

最も親密で近い関係が夫婦ですが、背を向ければ他人になるというように、一度仲たがいすると何日も話さない関係なのが夫婦でもあります。だからといってだれかが介入すると誤解や不信が大きくなるので、夫婦の問題は当事者が解決するのが一番早道です。ですから、夫婦関係はだれかが介入する問題ではないというのも間違いではありません。

夫婦間には曖昧な部分があります。問題が生じたとき、どちらに原因があるのかを判断するというのも曖昧です。明らかな意見の衝突があり、それによって感情が傷ついたのに、原因ははっきりしない。弁明したくなる本能で互いに弁明し、争っていると、感情だけ傷ついて終わってしまう。

このような曖昧なことは数知れず発生します。この曖昧なところを解決するためには互いの努力が必要ですが、中でも妻の役割が絶対的に必要です。なぜここで女性なのか、性差別的発言ではないかと気になるかもしれません。しかし、女性、特に妻の役割に比重を置くことは、神の御心がそうだからであり、人類学的な根拠もあるからです。

まずペテロの手紙第一3章1～6節のみことばを見ると、妻に対する神の願いが書かれています。

同じように、妻たちよ、自分の夫に従いなさい。たとえ、みことばに従わない夫であっても、妻の無言のふるまいによって神のものとされるためです。夫は、あなたがたの、神を恐れる純粋な生き方を目にするのです。あなたがたの飾りは、髪を編んだり金の飾りを付けたり、服を着飾ったりする外面的なものであってはいけません。むしろ、柔和で穏やかな霊という朽ちることのないものを持つ、心の中の隠れた人を飾りとしなさい。それこそ、神の御前で価値あるものです。かつて、神に望みを置いた敬虔な女の人たちも、そのように自分を飾って、夫に従ったのです。たとえば、サラはアブラハムを主と呼んで従いました。どんなことをも恐れないで善を行うなら、あなたがたはサラの子です。

妻に向かって「従いなさい」と始まるこのことばに気まずさを感じます。今のような時代に、従うという単語が不適切だと考えるのは当然かもしれません。

それでも、なぜ聖書は妻に向かって従いなさいと言っているのでしょうか。新婚のときはそうではないでしょうが、時間が経てば経つほど自分とは違う考えを持っている夫、「飯《めし》」と言われれば仕方なく作りはするけれど、食卓の向かい側で漬物を噛む音さえも憎い夫に従わなければならない理由は何でしょうか。

理由は簡単です。神の御心だからです。また、神がまず妻に向かって従いなさいと言われたのは、妻自身をはじめ、夫や子どもたち皆が幸せになるためです。家庭の幸せは妻にあります。夫は家庭のかしらだと言いますが、妻は家庭の首です。首がこわばっていると頭をまともに動かすことができません。首が柔らかければ体全体が柔らかくなるように、妻自らが幸せであるために従うことを選択しなさいというのです。

また、妻が従うことで夫も幸せになります。妻は家庭の太陽だ、と言われます。中から光を照らさなければ、光を外に照らし出すことはできません。妻が夫に従わなければ、夫は幸せになることができません。夫はいつも、敗北感と自ら恥じる心に苦しむほかありません。

妻が従うことは、子どもも幸せにします。母が従うことによって家庭の平和が築かれることは、子どもたちにとって最も大きな生きた教育になります。子どもが家庭の秩序を学び、神の秩序を学ぶようになります。これらの理由で、神は家庭の秩序を整えるために妻に服従を勧めています。先ほどのペテロの手紙第一だけでなく、「妻たちよ。主に従うように、自分の夫に従いなさい」（エペソ5・22）、「妻たちよ。主にある者にふさわしく、夫に従いなさい」（コロサイ3・18）にも見ることができます。家庭で妻に従うことを命じたのは、夫というかしらを動かす妻という首の役割をより重要に考えて、妻にまず頼んでおられるのです。

聖書的理由以外に、人類学からも、なぜ妻が家庭を築く重要な鍵《キー》を握っているか、根拠を見出すことができるようです。

ある研究によると、夫婦の話し合いで論争を避けるのは、八十五％が夫だそうです。これは男性に何らかの欠陥があるからではなく、男女の役割によるもののようです。

人類は長年、「女性は子どもの養育に専念し、男性は協同して狩猟に専念して」いました。そして、授乳のときに出る母乳の量は、母親が「いかにリラックスしているかに左右され」ます。つまり女性は、ストレスを受けた時、母乳の量を最大限に増やすために、「一刻も早く心が鎮められる能力を授かった」のだと言います。反対に男性は、「協同で狩りをする時、常に猛獣からの攻撃に対し周囲を見張っていなければならず、いざという時、即座にアドレナリンを放出し、その興奮を持続させる」ことが必要だったのです。

現代でも、「男性の心臓血管システムは女性のそれよりもストレスに強く反応し、沈静化するのも遅い。……その継続時間も長いという研究結果がカリフォルニア大学バークレイ校のレベンソン博士とカーター助手の研究結果にある」そうです。（『新装版　結婚生活を成功させる七つの原則』ジョン・M・ゴットマン、ナン・シルバー著、松浦英明訳、第三文明社、二〇〇七年、六十三頁参照）

心理学的に見ても、女性は家庭という囲いの中にいるとき最も安定的だといいます。ですから科学的に見ても、夫婦の曖昧な関係を回復する鍵を握っているのは妻だという事実がわかります。

私たちが生きている社会は、絶えず関係を結ぶところです。中でも、家庭を築く夫婦関係は、社会の最小単位の関係といえます。その関係が行き違わないためには妻の役割が重要です。家庭に対する責任をより多く負っている夫に、先に妻を愛せよと命令を下さないのは、神の御心だからです。頭を動かす首の役割のほうが重要だということを語るためです。ある人は、男が先に、女が後に創造されたので、後から造られた女のほうが、はるかにアップグレードされたバージョンだから有能だと言ったりもします。それも間違ってはいないと思います。女性の自由な活躍を表す新たなワード「Womad《ウマド》」（女性 woman ＋遊牧民 nomad の合成語）を見ても、今の社会を引っ張っていく女性の役割が、だんだん注目されているのではないでしょうか。

十五歳の少女は　親の明るい灯
仮に妻が三十歳を越えても　家族にとって彼女は希望の灯
たとえ母が年老いて老婆になっても　子どもたちにとっては温かい灯

チンギス・ハン時代から伝えられているという、このようなモンゴル人の詩にもあるように、妻は灯のような存在です。夫婦関係において、問題解決の鍵は妻が握っています。その鍵には、責任と義務という錠がついています。

助けるということの曖昧さ

家庭の月になると〔訳注・韓国では五月五日を子どもの日、第二日曜日を父母の日とするため、五月を家庭の月という〕、夫婦のための説教を耳が痛くなるほど聞きます。「妻たちよ」「夫たちよ」で始まるみことばは、おなじみの説教のタイトルです。特に、妻たちのために、助け手となりなさいという話をよく聞きますが、この時点で曖昧なところが生じます。

助けるというのは、果たしてどこまでを意味するのでしょうか。いや、妻は必ず助ける存在となるべきでしょうか。男女平等時代を通り越して、女性上位時代を見据えている今、なぜ妻は主導者ではなく助ける人にならなければならないのでしょうか。このような疑問が生じるでしょう。助けるというと、なぜか主導的ではなく補助的となる感じがするし、それゆえに助け手になりなさいということばに若干の拒否感を感じるのです。

しかし、聖書が語る助け手は、私たちが想像する以上のものを意味しています。「助ける」という辞書的な意味も、うまくいくように力を補うことです。うまくいくように力を補うことは、能力がなければ不可能です。聖書が語る助け手も、足りない部分を埋めることのできる助けを意味しています。もともと助けるとは、助けることができるからこそ可能なのです。助ける人と助けられる人を比較するとき、どちらのほうが力が足りないかを考えれば、助け手はどれほど能力が優れていなければならないか、すぐにわかります。いってみれば、優れていなければ助けることもできないのです。

助け手とは、聖書で神が使ったことばです。「神は　われらの避け所　また力。苦しむときそこにある強き助け」（詩篇46・1）つまり、「I'm your helper」と言われました。ここで助ける者という意味のヘルパーは全能の神を指すことばで、助け手の助ける者という意味と似ています。神が、私たちが患難の中にあるとき助け手になるということは、私たちより能力が劣っていて、補助的に助けるということでしょうか。違います。優れた能力を持つ神が私たちを助け、良い環境に導いてくださるのです。

妻にも助け手としての使命を与えたとは、妻に助ける能力を与えたと同時に、役割を与えたということです。その意味を悟らなければなりません。しかし、どんなに能力が優れていても、首が頭の役割を代わりにすることができないように、自分の役割を忘れるのも困ります。妻に与えられた能力を考え違いして、家庭を支配しようとしたり、夫を支配しようとしたりすることは神の御心ではありません。確かに助け手としての役割を与えたのであって、支配しなさいという意味ではないからです。

ですから、今からは喜んで助け手となる必要があります。助ける役割に、曖昧な基準を持つ理由はありません。神がアダムを先に創造してから、助け手としてエバを創造されたのは、足りない点、弱点を長所に昇華させる役割を妻に与えるためです。アダムは土をこねて造られ、エバはあばら骨から造られましたから、生まれからしても妻はしっかりしています。あばら骨で心臓を保護しているように、夫の心臓を保護する助け手とならなければなりません。

「ビューティフル・マインド」（二〇〇一年米国）はある天才数学者の一生を描いた映画ですが、そこには彼を助ける献身的な妻の愛が描かれています。天才数学者ジョン・ナッシュは大学院時代、すべてを支配する真理を得ようと、独創的なアイデアを求めますが、成果が得られず苦悩します。しかし、ついに「ゲーム理論」や「リーマン多様体の埋め込み問題」に関する論文を書き上げ、希望の研究所へと進むのです。しかし冷戦下、彼は研究所で、通信暗号解読をするという政府の極秘任務を任されます。それが、彼の精神を徐々に狂わせていきました。

大学で教え子のアリシアと恋に落ち、結婚したジョンですが、妻はジョンのおかしな行動を目にするようになります。ジョンは、幻覚と現実を区別することができなくなっていたのです。アリシアはジョンに精神科の検査を受けさせ、ジョンは統合失調症と診断されます。投薬により、生きがいである研究もできなくなり、絶望に陥った夫を、妻は苦しみながらも支えます。

その後、日常生活を一つずつ取り戻したジョン・ナッシュは数十年の歳月が流れた後、学生に尊敬される老教授となります。また、若い時代に打ち立てた「ゲーム理論」により、ノーベル経済学賞を受賞しますが、そのスピーチのシーンで、自分を支えてくれた妻にこう伝えます。

「……答えを追って私は理学的または哲学的世界を旅し、幻覚にも迷い、戻りました。そしてついに学んだのです。人生で一番重要なことを。謎に満ちた愛の方程式の中に〝理〟は存在するのです。今夜、私があるのは、君のおかげだ。君がいて、私がある。ありがとう」

偉大な人物の背後には必ず隠された人物、助け手がいます。ヘレン・ケラーという偉大な人物の傍らにはサリバン先生という助け手がいましたし、発明王エジソンの背後には、絶えず励まし、力を出させた母という助けの手がありました。

この地の美しい家庭には、立てられた夫がいます。そしてその背後には必ず助け手である妻がいます。目にはつかなくても、見えない所で夫を立て、尊敬する真のヘルパーが妻なのです。

夫婦関係回復のキーワード1　妻たちよ！　優しくあれ

「初めの三年は、夫を変えようとあらゆる努力をしました。本当に私と合わない部分が多いんです。だから懐柔もしたし、説得もしたし、合わせたりもしましたが、全くだめでした。三年経ったらだんだん諦めるようになって、神様にすがりつきました。『神様、あの人を変えてください』と。ところが、そうやって何年か経っても、変わりません。ああ、神様もあの人を変えられないんだと思いました」

こんな何年にもわたる告白を聞いていると胸が痛みます。本当に多くの努力をしてきたんだなあと思いながらも胸が痛むのは、自分を変えようという努力をしていないことです。『結婚生活を成功させる七つの原則』を書いたジョン・M・ゴットマン博士はこう述べています。「結婚生活で一番驚くべきことの一つ『意見の相違の多くは、夫婦間で解決できないものである』という事実を受け入れることである。数十年間も結婚している夫婦でも、相手の考えを自分の考えに同調させようと口論を繰り返す。しかし、これは不可能なことである」（四十一頁）

それほど夫婦関係を曖昧にする原因、関係を難しくしているのは、自分の思いに相手を合わせようとしているからです。しかし、それは簡単ではなく、ほとんど不可能です。一番簡単で卓越した方法がほかにあります。助け手となるために妻自身が変わることです。

まず妻が変わるべきなのは、優しくなることです。女性の最大の強みは繊細さと優しさです。どんなに男性が繊細だといっても、女性の細やかさについていくことはできません。特に、女性に深く根付いている母性愛は、どんな愛も超えられない愛の最高峰ではないでしょうか。

優しさは男女、特に夫婦関係において最高の潤滑油の役割をします。夫は母から感じた優しさに対する望みがあります。時には強く推進力のある妻を望むこともありますが、その姿からさえも優しさを見出したいのです。女性にとって家庭はおしゃべりの部屋ですが、男性にとって家庭は洞窟、つまり帰って来て身をかがめ、楽に休める空間です。その楽な空間において妻の優しさは基本オプションです。

ところが、世間が優しくなるように妻に配慮しない、という問題があります。ある男性の執事がこんな話を打ち明けました。

「友人と暮らしているみたいです。妻は私より声が大きいんです。初めはそんな凛々しい姿が好きでしたが、今は何か押さえつけられているように感じます。スーパーに行けば妻の声が大きくて太いので、どこにいるのかすぐにわかります。実際、外で働いていると上司に大声を出されるじゃないですか。だから、家に帰ったら、静かで平安な雰囲気で休みたいのに、むしろもっとうるさいので、わざと帰宅時間を遅らせるようになりました」

生まれつき外交的なのだから、どうすることもできないとも考えられます。しかし、優しさは努力によって後天的に育てることのできる品性です。もちろん今の世が、妻たちが優しくいられるような環境でないことは事実です。子どもたちを育てて戦い、産業戦線で、家事で、いろいろな関係において、優しさよりも強さが生存の武器となります。ところが、優しさが残っていない状況で、妻は夫がその状況を理解してくれることを願い、夫はそれでも優しい妻を期待します。

それなら、なぜ優しくなければいけないのでしょうか。男は自尊心が一番強い武器です。自尊心がなければ死体だと言えるほど、自尊心が強い動物です。女性に比べて男性の自我（ego）はとても大きいので、それが踏みつけられると何もできません。妻が助け手として果たす第一の使命は、夫が一番重要に考えている自尊心の部分を立てることです。

自尊心を立てるということは、言い換えれば尊重するという意味です。尊重を表す最もよい方法は励ましです。

新婚のときは「あなた、ご飯よ」と愛らしくやりとりできるでしょうが、結婚して何年目かの「ご飯よ」はかなり不快に聞こえるかもしれません。何か自分がおとしめられているような口調で、心が傷ついてしまいます。そのような意味で、尊重を示す言語習慣で良いのは、尊敬語を使うことです。夫も妻も互いにそうすることで、尊重されていると感じることができます。

また、言語習慣においてあまりにも霊的な面に偏りすぎて、夫におかしなことを言ってしまうこともあります。夫の間違った行動に対して「下がれ、サタン」のような表現を使ったりもします。絶対に禁じなければならない言葉です。また、お互いが愛情をもって使う表現だからといって「あの仇《かたき》……」「私たちは夫婦？　仇《かたき》よね」などと笑いながら言うことも禁物です。

言葉は人の人格と価値を表します。互いに尊重する言葉、愛する言葉、称賛する言葉で十分に相手を立てることができます。

ある夫婦が、舌に力があるというみことばに感動して、お互いに使う言葉を直そうと決めたそうです。夫は無愛想な慶尚道《キョンサンド》出身の男なので、死んでも愛嬌のある言葉は言えないと言い張りましたが、妻はひるまずに美しい言葉を使い続けました。

「ほほほ、あなたは本当にすばらしいわ。お食事するにも本当に幸せそうに食べるし……どうしたら額がそんなに明るいのかしら。本当に私は宝くじに当たった女だわ」

「何を言っているんだ」

初めはぶっきらぼうでしたが、いくらも経たないうちに夫は白旗を挙げました。決して嫌ではなかったのです。あんなに無愛想だった夫の口からも、異言がこぼれるように称賛の言葉が一言、二言、出始めました。一日平均十単語も交わさなかった夫婦は、このような努力の末に、今は仲睦まじい夫婦になったといいます。

優しくなるためには、まず言葉が変わらなければなりません。夫は慰められ、愛されることを願います。初めは照れくさくて恥ずかしくてぎこちなくても、相手を尊重する真心をもって接しなければなりません。夫婦関係を回復するために、優しくなるためには、言葉以外にも行いに尊重がこもらなければなりません。


同じように、妻たちよ、自分の夫に従いなさい。たとえ、みことばに従わない夫であっても、妻の無言のふるまいによって神のものとされるためです。夫は、あなたがたの、神を恐れる純粋な生き方を目にするのです。（Ⅰペテロ3・1―2）

みことばにもあるように、行いが重要です。恐れるということは、尊重し、尊敬するという意味が込められています。夫に対する尊重を示すためには、行いが伴わなければなりません。言葉でだけ称賛しても、行いはそうではないなら、意味がありません。

「カリフォルニア州コルテマデラにある、離婚治療研究所のギジィ博士とケリー博士」によると、離婚経験者の八十％の原因は、「配偶者との親密感を失い、愛されているとも、存在を理解されているとも思えなくなった」ことだそうです。ジョン・M・ゴットマン博士は、「幸福な結婚は、夫婦の深い友情から成り立つ」として、夫婦がお互いに相手を親密に知り、好き嫌いや希望、夢などを理解し合い、日常生活でその理解を具現化する努力をするというプログラムを行っています。

仕事中毒の夫、ナザニエルは輸入業を営み、長時間働きます。これは大きな問題となるものですが、彼らは夫婦で深く結びつく方法を見つけていました。それは、電話を使うことでした。「日中は電話で頻繁に連絡を取り、彼女が病院へ行く予定があれば、その時間に合わせて彼は妻に電話で結果を聞く。彼が顧客と会えば、妻はその結果がどうなったかを彼に電話で尋ねる」そうして、ナザニエルと妻オリビアは、お互いに日常を共有していきました。

また、些細なことでも相手を尊重しました。たとえば、夕食にフライドチキンを作れば、妻はももの部分を夫の皿に載せました。もも肉が好きなことを知っているからです。日曜日の朝、夫が子どものためにブルーベリーのパンケーキを作るときは、妻のためにブルーベリーなしのパンケーキを作りました。ブルーベリーが嫌いなことを知っているからです。

「こうした月並みで小さなことがオリビアとナザニエルの間に深い友情を生み、彼らの相互愛の基盤になっていた」のです。(『結婚生活を成功させる七つの原則』三十一、三十六頁を参照)

このような助言があります。

「尊重は、行動を伴わなければ意味がない。配偶者を尊重する心を言葉で表現するのも良いが、考えを行動に現すときにさらに大きな意味がある」

時折、妻たちからこんな声が聞こえてきます。結婚生活では、どちらが主導権を握るかで日常が変わるため、新婚の初めにしっかり握らなければならないのだと。この時点で妻たちは葛藤します。司式者は、妻たちに従いなさいと確かに言ったのに、愛嬌を見せ、守られ、優しく生きたいのに、機先を制しなければならないのではないだろうか。

混乱する必要はありません。神がみことばによってすでに教えてくださっているように、恐れる純粋な生き方をしなければなりません。アメリカ・カリフォルニア大学ロサンゼルス校のアラン・シュアー(Alan Schore)博士は、人間が皆、満足できる関係を願う理由は、脳の一部がほかの人と愛し合う接点を探すように設計されているからだと言っています。初めから私たちの脳が良い関係を結ぼうと努力するようになっているので、夫婦間の優しい尊重は良い関係

を結ばせ、結婚生活の核心要素である安心感を与えるというのです。これは結局、優しさによって夫婦間に安定感が生じ、その感情を土台として深く親密な最高の関係が作られることを意味しています。（『평생의 약속』 개리 스몰리 저、이나경 역、라이프북」参照）

ですから釘一本打つにしても「ちょっと釘を打って」とつっけんどんに言うのではなく、「ここにこれを掛けたいんだけど、あなたの手が必要なの」と優しく言うことができなければなりません。それでも夫がびくともしないなら、「そう、私にも手はあるわ。自分でやるわよ」と言って、壁に金づちを打ち下ろすのではなく、釘を打つ真似をして「痛い！」と痛がるふりをし、夫がやれるように場を整えてあげなければなりません。それが優しいカリスマです。

夫婦関係回復のキーワード2　妻たちよ！　美しくあれ

聖書を見ると、美しい夫婦の話が出てきます。特にアブラハムの息子夫婦であるイサクとリベカは夫婦の見本です。アブラハムは信仰の嫁を探すために遠くまで人を遣わして嫁候補を連れて来ます。聖書に描かれているリベカは美しい人でした。外見だけでなく、心遣いも美しい人でした。実際、彼女にとってはテストでしたが、初めて会う旅人に飲む水を与え、らくだにも水を汲んで十分に飲ませるなど、美しい心根を見せてくれました。その上、信仰の女性だったので、アブラハムの使いの、自分について来るかという言葉に、神の御心であることを悟って「はい、行きます」と従順に従いました。

イサクと夫婦になったときも、彼女は立派でした。美しく賢い妻リベカは、夫イサクが母を失った悲しみに浸っているとき、夫を慰めました。聖書にはたった一行で、「慰めを得た」と表現されていますが、夫が妻から慰めを得るということは、美しい心と知恵があるから可能なことです。リベカは彼女ならではの立派な人格と信仰を基礎にして、信仰の家庭を築いていくことができました。聖書に登場する多くの夫婦のうち、イサクとリベカの家庭を一番美しい家庭に挙げる理由も、まさにここにあります。

夫婦関係を回復させる妻の二つ目のキーワードは、美しさにあります。

あなたがたの飾りは、髪を編んだり金の飾りを付けたり、服を着飾ったりする外面的なものであってはいけません。むしろ、柔和で穏やかな霊という朽ちることのないものを持つ、心の中の隠れた人を飾りとしなさい。それこそ、神の御前で価値あるものです。

（Iペテロ3・3―4）

このみことばには、妻たちへの神の願いが込められています。特に、飾るにしても表面的に見える装いではなく、内面的な美しさを満たしなさいという願いは、内面の美しさ（inner beauty）を語りつつ、外見の装いを除外してはいません。このみことばは妻たちに対して、外見だけではなく、内面の美しさで装いなさいという意味を込めて語っているのです。

まず、きれいなものとは何かを定義する必要があるでしょう。夫たちに「妻が一番きれいだと思うのはいつですか」と質問をしました。その答えの多くは、特別な装いのときのことではなく、意外なものでした。「おいしい食事を作ってくれるとき」「私の言うことを聞いてくれるとき」など、結婚してから夫が妻に感じる美しさは、かなり生活密着型だったのです。

ある学者は十回生まれ変わっても今の妻を愛すると言いましたが、その理由として、妻の愛と知恵を挙げました。「私の妻は背中も曲がって足も曲がっていますが、いつでも夫を立てる知恵と家族を愛で包んでくれる姿が本当に美しいんです」と称賛する彼の言葉に、外面の美しさが占める比率が大きくないことを改めて感じます。

それでも時々、夫たちの間でこんな声が上がります。

「結婚する前は、私に良く見られるために化粧をしていたけれど、結婚したら、今度は他人に良く見られるために化粧をしているんですよ」

ここまで何度も語ってきたように、男性は自尊心も強いですが、本能的に愛を求めています。関心を持ってほしい気持ちから、妻の愛を毎日求めます。また、夫は家庭の中心を握る妻の役割を認めながらも、自分だけの妻、自分のための妻であることを求めます。化粧をしなくても、夫にきれいに見られたいという気持ち、愛されたい気持ちが伝わるとき、十分に夫としての自尊心を回復するという意味です。

このような本能を理解し、外面的・内面的な美しさを飾ることが必要です。みことばにあるように、柔和で穏やかな心が必要です。また、きれいに見せるために努力する心も必要です。夫は妻の心の中心とともに、外見も見ているという事実を覚えていてください。

妻たちも角を出すときがあります。どんなに妻のほうから夫に従い、美しく歩み寄るべきだとしても、夫がその心を退けることがあるからです。特に、信仰的に熱心であればいいのですが、教会にあまり行かず、日曜日になると慈善活動のように無理に教会に行く夫を見ると、愛したい気持ちが消えることがあります。

そういうときも、先のみことばを覚えていなければなりません。そのみことばは、信じていない夫に対するみことばでもあります。みことばに従わない者でも、言葉によらず、妻の行いによって救われるという意味です。行いの中には真心も入っているし、実際に行動に移せば心も生じるようになっています。ですから、行動によってまず手本を示さなければなりません。これは単に夫に対することだけではありません。実際の家庭生活で問題の種となる、夫の実家との問題においてもこのような心構えが必要です。

神が造られた家庭、神が満足する家庭の幸福のために、私たちは夫婦という関係をもう一度回復しなければなりません。そのためには、助力者として選ばれた妻の役割が絶対的に必要です。家族が、家族なのか敵なのか、曖昧な中にあるなら、妻に与えられた確実な使命に従って、優しい尊重と美しい知恵で家庭を築き上げていかなければなりません。

美しい関係を結ぶ

ある島の話です。ポリネシアでは伝統的に、花婿が花嫁の親に持参金を払います。そのため男性のほとんどは豚や鶏、オウムなど小さな動物を渡して妻を連れて来ました。たまに、村で一番きれいな娘を娶《めと》る男性の場合、一番高価な牛一頭を喜んで上納するほどでした。

ところで、村のあるおとめが婚期を迎え、結婚することになりました。その女性は平凡で、財産もなく、その上、可愛らしいタイプでもありませんでした。それでも独身の男性たちは持参金を提示しました。ある人はガチョウ一羽、ある人はオウム、ある人は鶏一羽を差し出して、娘さんをくださいと言いましたが、一人の求婚者が破格の提案をしました。

「私は牛十頭を差し上げます」村には一大波乱が起こりました。牛十頭という言葉に、ほかの求婚者たちは一歩退き、暴言を吐きました。この世にそんなに価値のある女性がどこにいるのか、この青年はとんでもない間抜けか、ただの金持ちか、と。

ところが、その後、女性に大きな変化が現れました。それまで平均以下だと考えていた女性は、牛十頭の価値のある女性だという修飾語が付くと、すべての行動に自信がつき始めました。語ること、服を着ること、行動一つ一つにも神経を使い、少しずつ自信のあふれる行動をし、見た目も優雅な女性になりました。その後、島の人々の考えが変わりました。牛十頭を差し出した青年こそ運の良い男で、持参金にぴったり合う花嫁をもらったと。その女性は夫が価値をつけた分、いえ、それ以上に報いたのです。その夫婦は島で最高の夫婦になりました。

平凡な女性に牛十頭という高い価値をつけた青年は、自分の伴侶に想像を超える値打ちをつけることで、互いに高められるようにしました。彼女の隠れた価値を見つけたのかもしれませんが、尊重する行いをまず示すことで価値を高めたのです。

どちら側でも関係ありません。神は家庭が正しく築かれることを願い、今日、妻と夫に対して、先の話に出てくる青年の知恵を要求しておられます。まず妻には、夫に従い、尊重し、行いで手本を示すことを願われます。妻のほうがその役割をうまくできると信じておられるので、きわめて重い責任と権限を与えたのです。また、夫には、妻を自分のからだのように愛し、大切にすることを願っておられます。

ですから妻たちは家庭の幸福の設計者としてその権限を最大限用いて使命を果たすべきであり、夫もまた、愛と尊重で家庭を導くべきです。結局、それが家族の関係を堅固にするのです。

03 うちの子、どうやって育てればいいの？

子どもか、苦労の種か

世紀の詩人バイロンは、すばらしい霊感と詩で世を驚かせましたが、常識をはずれた衝動的な行動と怒りやすい性格、そのうえ、無節制な生活によって指弾されました。どうしてそのような二面性を持ったのでしょうか。その原因をさかのぼると、母親から受けた影響が大きいと言います。

生まれたときから片方の足が不自由だった息子を、母親はあざ笑いました。「そんな足で何ができるの？」と言って息子を傷つけ、そんな母親と激しい争いをすると、母親は逃げる息子を追いかけ、叱りました。バイロンという偉大な詩人が晩年、病的な人生を送るようになったのは母親の異常な教育、いいえ、毒があったからです。

子育てをする人たちから、ため息のように出てくる言葉を聞くことがあります。「ああ……子どもなのか、苦労の種なのか……」これを聞くと、それほど子どもの養育は大変で、生涯の宿題なのだということを痛切に感じます。ある瞬間、子どもが親の心配になることが確かにあります。ですから子どものことを「とても心配をかけたり面倒をかけたりする人」を意味する苦労の種だと呼ぶようです。

ところで、このすべての嘆きに冷水を浴びせる一言があります。「すべての子どもは親の鏡である」子どもは親の別の姿であるというこの言葉は、苦労の種のような夫婦から、苦労の種の子どもが生まれる確率が高いということを思わせます。

子どもは苦労の種ですが、親は子どもの養育から逃れられません。神はそれをよくご存じなので、親に向かって絶えず教え、養育するように語られます。親であるあなたがたはそのように学べなかったかもしれないが、子どもたちには教えなさい、と。

箴言22章6節に「若者をその行く道にふさわしく教育せよ。そうすれば、年老いても、それから離れない」とあり、申命記6章7節では「これをあなたの子どもたちによく教え込みなさい。あなたが家で座っているときも道を歩くときも、寝るときも起きるときも、これを彼らに語りなさい」と語られ、親に対して、子どものために絶えず教えることを勧めています。エペソ人への手紙6章4節でも、「父たちよ。自分の子どもたちを怒らせてはいけません。むしろ、主の教育と訓戒によって育てなさい」と、親子が愛の関係で結ばれていることと同時に、親子間に必ず教えがあるべきだと強調しています。

行く道にふさわしく教育できない社会

孟子《もうし》が、弟子である公孫丑《こうそんちゅう》と対話した内容です。公孫丑が孟子に質問しました。

「君子が自分の息子を教育しないのはなぜですか」

すると孟子がこのように答えます。

「夫子教我以正。夫子未出於正也。則是父子相夷也。父子相夷則悪矣。古者易子而教之」

（『孟子』離婁上 五六）

これを解釈すると、このような意味になります。

「教育する人は必ず正しいことをしなさいと教えるが、そのとおりに実践されなければ自然と怒りが起こる。そうすると、父子の情がかえって傷つく。子のほうでも、父は自分に正しいことをしなさいと教えながら、父自身は正しいことをしていないと言いだすと、やはり父子の情が傷つく。それゆえ、昔の人たちは子どもを取り換えて教えた」

つまり、親が子を教育するべきですが、教えているうちに怒りが起こります。怒ると親子関係が壊れることがあるので、直接教育して関係を壊すより、ほかの人のところに行かせて教わるほうがよいという意味です。

賢人と呼ばれた孟子、孔子などをはじめとする人々が皆このような教育観を実践したからか、韓国の文化の中に、子どもの教育については他人のところに行かせるほうがより良い教えを受けられるという考えがあります。もちろん、その思いの中には、親がきちんと準備できていない状態で教えれば、かえって傷つけることもあるという意味も含まれているでしょうが、親として責任を回避しようとする姿も見えます。

果たして、今の親たちは「若者をその行く道にふさわしく教育せよ。そうすれば、年老いても、それから離れない」という神の命令を守っているでしょうか、実に惜しいことに、そうではありません。

昔に比べて、韓国社会は親子関係がとても親密になりました。私たちが子どもの頃は親と距離感がありましたが、今はそうではありません。全く距離感が感じられない対話、さらには気兼ねもない関係になりました。夫婦関係が、近くても背を向ければ他人になる間柄なら、親子関係は、近くて背を向けても悪口を言いながらついて行く間柄です。親にとって子どもは切っても切り離せない縁なので、そうするより仕方ないのです。ですから残念なことに、行く道にふさわしく教育することを諦めた親たちが多いのです。

なぜ親が子どもを教育できないのでしょうか。それは何を教えるかを知らないからでしょう。だから子どもを持つ親は不安になります。どこかに行かせなければならないような気がするし、教育を受けさせるべきだとも思います。そばに置いておけば腹が立つこともあるし、神経も使います。それでもそばで教えて訓育しようとすると、多くの教育専門家が、子どもを訓育することはもっと良くないと助言します。子どもたちの鼻をへし折るから否定的な訓育はパスして放っておけ、子どもたちに自信をつけさせろと、教育することを諦めるようにさせます。以前に比べて知識は高度になりましたが、知恵深い責任感が消えてしまったのです。

現代ほど、教育しにくい時代もありません。少しずつ子どもの数が減っており、核家族化していて、子どもが多くても二〜三人、少なければ一人を育てる小さな家庭ですが、かえってそのような貴重な子どもとして生まれると、いざ教育は大変になりました。子女教育の最高目標は「成功した人生」、いわゆるエリートコースを歩んで、世で言う良い職場に勤める人になることになりました。基本的な人格よりスペックを重要視する社会では、「人性《インソン》」教育ではなく「忍性《インソン》」を育てる教育が優先されるようになりました。

その上、基本的なことは後回しにして、スペックのために他人に教育を委託する時代になったので、親子の関係がおかしくなるのは当然です。

アメリカにいたときに、子どもたちとじっくり話す機会が多くありました。移民を選んだ親と一緒にアメリカに来た子どもたちもおり、親の勧めで留学しに来た子もいました。ところで、子どもたちと会って話をするたびに、おかしなことを感じました。進学を目前にした子に、どんな分野に進みたいかを聞くと、答えが千篇一律なのです。

「先生、うちの両親は医者になれって言うんです。ドクターが一番安定していて良い職業だから医大に行くようにって。だからとりあえずそっちの方向で考えています」

「そうなの？　君自身が考えて、可能だと思うかい？」

「よくわかりません。まあ、それがだめなら弁護士の方向に進路を決めようと思います。うちの両親が言うには、医者の次は弁護士がいいそうです。それに、技術者もいいと思うって。それもだめならどうやって職場を探すんだって」

子どもの言葉を借りれば、少なくとも医者、弁護士、技術者のような勉強をすれば、職も得やすいし食べていけるというのです。子どもたちの話を聞いて嘆きました。もちろん、子どもが少しでも平穏で安楽な生活をすることを願う親の心は理解できますが、それに先立つべき価値観が抜け落ちた助言だからです。実際、子どもたちに対する親の助言をほかの言葉で表現するなら、こんな意味ではないでしょうか。

「子よ、お父さんとお母さんの一番の願いは、おまえが一日三度、食事ができることだ。おまえが食べられなくなるんじゃないかって、どれほど心配しているかわかるか？　だから親の言うとおりスペックを積みなさい」

果たしてこれは神が願うことでしょうか。神はこの世的なスペックではなく、行く道にふさわしく教育しなさいと語ります。行く道にふさわしいこと、それは世を生きる指針となる価値観です。

どう生きるべきか。どんな心構えで社会を見るべきか、何のために生きるべきか、絶えず問い、答えを探す過程の中で、ふさわしく考え、ふさわしく行うべきことを悩み、教えなさいということです。子どもたちは純粋なたましいを持っていますが、未熟です。未熟が成熟に発展するには、必ず教育が伴わなければなりません。ペスタロッチが言ったように、家庭は行くべき道にふさわしく教育する最初の学校とならなければなりません。神はそれを親に願っておられます。

何を教えるべきか

ある教育学者が、元教え子とレストランに行ったそうです。とても久しぶりに会うので、うれしい気持ちで店に入ると、ちょうど彼女も十歳の息子とやって来ました。教育学の学びを終えることも難しかっただろうに、いつの間にか結婚して母親になったんだ！　満たされた気持ちで見ていましたが、自分が考えていたような仲睦まじい親子の姿ではありませんでした。

十歳になったという息子はひと時もじっとしていられません。母親と先生が話しているのはわかっているくせに、何度も割り込んできます。

「ママ、ぼく、あれが食べたいよ」

「わかったわ。後で頼んであげるから」

「いやだ、今、今、頼んでってば」

「ママは今、先生とお話ししているでしょう?」

「もう知らない!」

結局、彼女は先生との会話を中断して、子どもの願いを聞いてやりました。一度や二度なら仕方ないとしても、子どもは何度も自分の要求を通そうとし、母親はそのたびに師との会話を中断して要求を受け入れたそうです。

その教育学者はだんだん気が重くなりました。いわゆる教育学を学んでいる人、教育学者として生きようとしている教え子のこんな姿が、どう考えても心をざわつかせたのです。彼女もまた、師の思いに気づかなかったわけではありません。とにかくその日の食事は、そうやって十歳の子の絶え間ない割り込みで、食べたかどうかわからないくらいあわただしく終わりました。席を立とうとした瞬間、教え子が師にこう言ったそうです。

「先生、私は勉強に没頭するあまり、子どもを放置してしまったんです。だからこの子がこんなふうに我儘《わがまま》になってしまって。でも、子どもに対していつもすまなくて、借りがあるようで、何も言えないんです。今日は、ご気分を害したとしても、どうぞご理解ください」

彼はその日の帰り道、ずっと心が重かったといいます。教え子の弁明にならない弁明を聞かなかったほうがましだったからです。彼らが研究している教育学は、果たしてだれのための教育学なのか、疑問を覚えた一日だったと。

子どもたちに何を教えるべきかわからない、という親に会うことがあります。また、どこまで教えるべきかわからないとも言います。厳しい社会だから、魚を釣ってあげるべきだ、どうして魚を釣る方法を教えなければならないのか、と反問する人もいます。一方、複雑で変化する社会において、教育の正道がどこにあるのかと言う人もいます。

何に調子を合わせたらいいか、わからないでしょうか。もちろん、社会は変わり、知識も変わります。それでも行く道にふさわしいことは確かにあります。社会的なこと、教育的なこと、霊的なこと、この三つに関する教えは社会が変わっても変わりません。

まず、社会的なことを教えなければなりません。社会的なことは、子どもたちがこの社会で生きていく上で最も基本的な心構えと行動を含む、マナーや配慮です。最近、社会的にマナーがない、配慮がない雰囲気が蔓延しています。日々インターネットにアップされる地下鉄の動画を見ると、私たちの社会で、どれほど基本的な教育がなっていないかがわかります。若い学生が高齢者に向かって暴言を吐き、さらには暴力さえふるいます。間違ったことを訓戒する人々には、無視と非難で応じます。

私たちの社会には配慮が足りません。基本的なマナーは、教えることで身につけさせることができますが、その教えることを職務放棄しています。

いつだったか、アウトレットに買い物に行ったときのことです。一人の子どもと母親を見かけました。母親はだれかと会って話をしていましたが、子どもは母親に近づくといきなり母親の足を蹴りました。一度目はやり過ごした母親に、子どもは再び突進して蹴りました。

「ああ、痛い。ママ、痛いわ。あっちに行きなさい」

「なんだよ」

「痛いってば。そんなことしたらだめよ」

そして、再び話を続けました。子どもは飽きもせずに何度も母親の足を蹴り、遊びとして楽しんでいました。その様子を見ながら、「あの子はこれからも母親を蹴り続けるんだろうな」と思いました。なぜなら、きちんと訓育を受けられなかったので、子どもにとって母は、時々足で蹴ってもいい存在として認識されているからです。

聖書は訓育を強調しています。親を敬うことを教えなさいとありますが、私たちは子どもにそう教えられないことが多くあります。周囲の目を気にして、そのうちちゃんとするだろうという安易な考えで、時間がないという理由で、その場ですぐに直すべきことを正してあげないのです。

先ほど教育学者の話をしましたが、外食での親の行動を見ていると、ため息が出ることが多くあります。自分の子どもが横の人に迷惑をかけようが、おかまいなしで話し、食べ、飲んでいます。教育としてだれかが注意しようものなら、人の大事な子どもにあれこれ言うとは何者だと、逆ギレされます。ですから、迷惑をかけられても、眉をひそめても、したいようにさせるしかなく、結局は社会的マナーや配慮のない人となるのです。

一方、外国の親たちは少し違うように感じます。外国の親は公衆秩序、社会的礼儀作法を守ることについて徹底しています。家ではいくらでも遊んでやり、愛しますが、公共の場所、レストランのような場所では、少しでも礼儀に反することをすれば、すぐにトイレに連れて行きます。そしてひどく叱ります。子どもに対して親が言う言葉は同じです。

「こんなに人が集まっている場所でそういうことをすると、どんなに多くの人の迷惑になるかわかる？　今のあなたの行動は人の迷惑になる行動なんだよ」

こういう徹底した教育がなされているので、どんなに幼い子どもでもむやみに駄々をこねたり、無礼なふるまいをしたりするのは、あまり見かけませんでした。

訓育とは、間違いを正すことです。いろいろな方法がありますが、子どもが赦されたいと願うタイミングを理解すれば簡単です。私の三人の子どもは、怖がることが少し違います。何か間違ったことをしたとき、上の二人は、叩くよという言葉に弱いです。その言葉を聞くと、間違いを直そうとし、赦してほしいという気持ちを表現します。しかし、末っ子は少し違います。叩くと言ってもびくともしません。ところがある日、間違いを犯したとき、一人で部屋にいさせたところ、すぐに泣いて過ちを悔いたのです。子どもたちの過ち、それが社会的に通用するものではなく、他人に迷惑をかけたり問題を招いたりするときは、果敢に訓育し、正さなければなりません。子どもたちは、教えに従って社会的マナーや配慮を学ぶからです。

二番目に子どもたちに教えるべきことは、教育的な部分です。韓国のような教育大国で、子どもに教育を教えるとは、理屈に合わない言葉に聞こえるかもしれません。これほど子どもたちにたくさんのことを教える社会も珍しいでしょう。小学校に入ると、三～四つの習い事は当たり前で、公園で遊ぶ子どもたちを見かけないほど、教育に埋もれて生きているのに、何を教育しなさいというのか、気になるでしょう。多くの教育のうちで、何が重要か考えなければなりません。多くの教育を人に任せますが、その中に親の役割があるのか、親はどんな役割をしているか、考えなければなりません。

最近、ヘリコプターママという言葉を聞きます。子どもたちの頭の上でブロロロとプロペラを回して、留まっている母親たちを指します。子どもが動くたびについて回り、調整し、そばに留まって母子一心同体になった母親が、ヘリコプターママです。

時には、母親が指揮官のように見えることもあります。子どもたちは当然兵士です。母親が、一日という戦場に兵士を送り出します。子どもたちは戦場でとてつもない訓練を受け、家では子どもが生きて帰って来るのを待ちます。果たして、このような環境で子どもたちは親からどんな教育を受けることができるのか、とても気になります。

子どもは親の行動や言葉、すべてを鏡のように見て学びます。塾で、図書室で、課外活動で、この世的な教育を受けさせていることに安心するのではなく、本当に自分の子どものためのまともな教育、何のために生き、その人生を通して、社会にどんな影響を及ぼすのかなどについて悩む時間を与える姿勢が必要です。

『99％親の努力で子は決まる！』（洪和美訳、サンマーク出版、二〇〇五年）の著者チャン・ビョン博士は、小学生の時、父親の教育に深く感銘を受けたといいます。兄弟も小学生だった当時、父は子どもたちを呼び出してこう言いました。

「おまえたちも大きくなったから、何かとお金が必要だろう。ここの籠の中にお金を入れておくから、各自必要な分だけ持っていくように」（三十五頁）

それから、父は籠の中にお金を入れて、リビングのテーブルの上に置いたそうです。それは小さくない衝撃であり、子どもたちは籠からお金を取り出して使うようになりました。チャン博士は幼心に、ほしいものを何でも買えるという思いにもなりましたが、そう思うと不思議なことに欲が静まったそうです。すると、父親のお金に対する姿勢が目に入るようになりました。

決してお金に執着しない父。「そんな紙の束は人生のすべてではない」と言っているようでした。しばらくして、父親は娘に尋ねたそうです。「何か欲しいものはないか」と。チャン・ビョンへ博士はただ黙って微笑み、首を横に振ったといいます。彼女は回想しています。父親は苦しい時代を歩んできた分、苦労も多い人でしたが、夜遅くまで本を手放さず、その学ぶ姿が心の指針になった、と。

親は、習い事を通して子どもを教育するのではなく、人生を通して教育できなければなりません。親として何を教えることができるだろうかと悩むこと、それが親になる第一歩です。

三番目に、子どもたちに何を教えるべきでしょうか。何よりも重要なことは霊的なことです。以前、洗礼クラスである子どもと出会いました。その子に、どうやってイエスさまを受け入れたのか聞いたところ、こう答えました。

「ぼくは家で家庭礼拝をしていますが、そのときにイエスさまを信じたんです」

「ああ……そうなの？　うわ〜」

その答えがあまりにも尊かったので、大げさな反応をしてしまったようです。クラスが終わったとき、その子が深刻な表情で私のところに来ました。

「先生、家庭礼拝でイエスさまを受け入れたらいけないんですか」

「ああ、いや。家庭礼拝で受け入れたと聞いて、とてもうれしかったんだよ」

私の態度があまりにも大げさだったのか、心配になったのでしょう。その子に説明しました。私も自分の子どもたちに願っていた大きな祈りの一つが、最初に聞く福音が親から聞くものであることであり、イエス・キリストを受け入れるとき、一緒にいることだったと。

親が子どもを養育するにあたっての三番目、霊的なことが何よりも重要です。みことばと祈りの重要性を教えなければなりません。この世的なもののほうが重要で信仰生活をきちんと送れなかったり、霊的な部分を疎かにしたりすれば、人生そのものが揺るがされます。今は忙しいから、後で時間ができたらちゃんと信仰生活を送ろうという決心は、かえって人生をよりつらくさせます。私たちの人生は、人の計画どおりには回らないからです。今まで多くの青少年を見てきたところによれば、その子どもたちが中高生の時に神様を体験して聖霊の満たしを受けても、成長すると揺るがされるケースが本当に多くあります。ですから、霊的な体験なしに成長した子どもたちが信仰の遺産を受けることはもっと難しいのです。

ときには、もう大きくなった子どもにどうすればいいのかわからず、信仰の教えを押し付ける場合もあります。だからといって関心すら、祈りすら、心すら伝えないのは、もっと賢くない養育です。

子どもに霊的な大切さを教えていますか。すでに聖書は、行く道にふさわしく教育しなさいと命じており、教える内容には、主のみことばと訓戒の内容が含まれています。

教える姿勢

ある家庭教育学者が、間違った親子間の関係について語り、「父子癒着」「へその緒癒着」という単語を使いました。政治と経済が独立せずつながっている関係を政経癒着と表現します。そのような行為は、民主化の熱望に沸いていた人々の標的になりました。政経癒着は理解できますが、「へその緒癒着」が何なのか、気になるでしょう。

父子癒着、へその緒癒着は、いわば親と子が一つになることを言います。親の考えが子の考えであり、子の未来が親の未来になる、正常でない関係を指す言葉です。想像以上に、このような親は多くいます。子どもの背におぶさって子どもの人生と親の人生を一つと考えて生きているのです。間違った表現ではないと思います。

まず、子どもの養育には、親の植える心が必要です。植える心とは、種を蒔く心と同じ意味です。実を結ぶためには、まず種を蒔き、植え、労苦しなければなりません。子どもの養育の第一段階は、植える心から始まります。ある記事では、子どもを一人育てるのに三千万円以上のお金がかかるのはもちろん、一生涯食べさせ、着させ、見守るなど苦労の時間をかけなければならないそうです。

「親が子どものために犠牲を払わないなら、親が子どもに犠牲を払わせているのだ」という言葉のように、子どもを犠牲にしないために、親が犠牲を払わなければなりません。それが植える姿勢です。

私がわが家で一番重要だと考えている時間は、家族での食事です。それほど裕福ではありませんが、食べることにお金を惜しまないという私の鉄則のゆえに、この家訓を金科玉条のようにして生活しています。牧会で忙しい日が多く、時間はあまりありません。そこで、好きな食事をしながら、一緒にその時間を惜しみなく過ごすと決めたのです。だから私たち夫婦は家具も買わず、服もあまり買いません。高い物を食べなくても充分に幸せです。最近は安くておいしい物があふれています。その上、食べる時間の大切さを一緒に感じながら、家族五人が話し、楽しむ、そこに幸せを感じます。

私の立場から言えば、食べる時間が子どものために植える種です。ある人は小さなプレゼントをあげることで子どもたちと楽しく心を通わせることができ、ある親はスキンシップを通してしょっちゅう愛情を確認することができます。愛を感じる言葉が人によって違うように、子どもも同じです。どんなことによって植えるかは家庭によって違いますが、植えたことで得られる恵みはとても大きいものです。

親は子どもを養育しながら、何か補償を得ようとしたり、お金をかけた分だけ回収しなければという気持ちを持ったりしてはいけません。惜しみなく与える思いが子どもの心を開き、心が通い合う関係を作ります。

また、子どもをよく教育するためには親も学ばなければなりません。一時「学んで、人に与えるのか？」という言葉が流行しました。ところが今は、学んで人に与える時代です。親が子どもについて学ぶことは、少し前までは想像もできませんでした。今でも理解できない人たちがいます。しかし、私たちは皆、最初から親ではなかったということを忘れてはいけません。だれでも最初の子どもを産むことで初めて親となります。未経験者として突然、親となりました。学ぶのは当然です。

ヒラリー・クリントン元大統領夫人が、韓国のある女子大に講師として来たときに語った話があります。自分の娘チェルシーが幼い頃、ひどく泣いてむずかるのでこう言ったそうです。「ねえ、あなたもこの世に初めて生まれて来たのだから、すべてが怖いだろうけど、私もそうなの。私も初めてママになったんだから、不慣れだし、怖いわ。だから一緒に努力しましょう」

子どもの教育のために学ぶことも投資です。学ばなければ教えることもできません。親が与えることのできる水準、親が与えることのできる力量に対して、自分はどのように成長しているか省み、みことばを通し、世の知識を通し、自己省察を通して学ばなければなりません。

最後に、子どもをよく教育するためには、聖霊の絶対的な守りが必要です。子どもを自分の思いどおりにできるでしょうか。できません。自分が願うとおりに子どもが育つでしょうか。

そうではありません。実際、親の思いどおりにできることはほとんどありません。特に子どもに問題が生じたとき、私たちの力ではどうすることもできないことが多くあります。時には他の人の助けを求めますが、神の御前で全能の神のあわれみとみわざが必要です。私たちの力では不可能でも神の霊によって可能である、ということばのように、私たちは聖霊に依り頼まなければなりません。聖霊が守ってくださらなければ、私たちの力ではできない人間的限界の姿が、私たちの中にあるからです。

パウロはテモテの信仰について、テモテへの手紙第二1章5節でこう語っています。「私はあなたのうちにある、偽りのない信仰を思い起こしています。その信仰は、最初あなたの祖母ロイスとあなたの母ユニケのうちに宿ったもので、それがあなたのうちにも宿っていると私は確信しています」父親の名前が出ていないのは、おそらく信仰者でなかったか、ずっと前に亡くなっていたのかもしれません。正確にはわかりませんが、それでもテモテは母親と祖母の信仰を通して正しく立ち、教えを受けてきたのです。

このように、親がまず信仰にあって神に依り頼むなら、子どもたちに霊的なこと、教育的なこと、社会的なことを教えることができます。その教えは優秀な塾で教える世の知識をはるかに超える人生の知恵であり、信仰の遺産になります。

子どもは祝福です

愛する息子リックは、出産のときにへその緒がからまったせいで脳が損傷し、脳性麻痺になりました。ほとんど植物状態のリックを見て、医師たちは病院で育てることや施設に預けることを勧めました。しかし、夫婦は息子を家に連れて帰ると、毎日話しかけ、車椅子に乗せて外へ出かけ、喜んで子どもの手足となって十一年間過ごしました。

その年になると子どもが苦労の種になるものですが、父親ディックはそうは考えませんでした。幼い頃から、「リックはちゃんとわかっている」と確信し、アルファベットや単語を教えていた夫婦は、息子を公立の小学校に入れたいと願い、意思疎通の方法を模索していました。

ある日、大学の工学部を紹介されたディックは、ジョークに大笑いするリックの姿を見せ、息子に知性があることを理解してもらいます。そして、コンピュータを通した意思疎通の研究が始まるのです。最初は、用意された選択肢から選んで、頭の横についたバーを押すものでしたが、ようやくアルファベットを選び、文章を作ることのできる装置が完成します。

リックが頭の中で考えた文章が、ついにコンピュータに打ち込まれるのです。

「Go! Bruins.（行け！　ブルーインズ）」

最初に打ち込まれた文章は、大好きなホッケーチームを応援するものでした。リックは、知性だけでなく、ユーモアもあることを証明してみせたのです。

文章による親子の対話が始まりました。時間がかかることは何の障害にもなりませんでした。その後、息子は公立学校の進学が認められました。親としてするべきことはさらに増えましたが、ディックはいつも笑顔で力強く車椅子を押し、息子の友達となりました。

そんなある日、大学のバスケットボールの試合を見に行ったリックが帰宅すると、さっそく文章を打ち始めました。その試合で、けがにより全身麻痺になったラクロス選手の医療費のために、大学主催で五マイル（約八キロ）チャリティーレースをするという告知がされたのです。

事件はその時起こりました。リックは父親に、こんなメッセージを送りました。

「お父さんと一緒にレースに出たい」

「やろうか」

三十七歳という年齢に不安を感じつつも、ディックはすぐにうなずきました。父と子は練習を開始し、家族が見守る中、チャリティーレースに参加して五マイルを完走します。初めてのマラソンを終えたリックの顔は赤く上気していました。

家に帰り、疲れ切った父親が崩れるように床に倒れて休む中、リックは一心に文章を打っていました。モニターの文字を読むと、そこにはこう書かれていたのです。

「パパ、走っているときは、障がいなんてない気がしたよ」

一九七七年、この日、ディックとリックはチームとなりました。そして、シューズやマラソン用の車椅子を手に入れると、父は息子の車椅子を押して本格的にトレーニングを初めました。何度も大会参加を断られながらも、彼らのチームは記録を伸ばし、ついにはマラソンの最高峰と言われるボストンマラソンに二十回以上も参加するというすばらしい歴史を作りました。

そして二〇〇六年、一本の動画が世界中の人の胸を熱くします。そこには、トライアスロン競技に挑む、ディック・ホイト、リック・ホイト父子の姿がありました。健常者でも挑戦するのをためらうハワイのアイアンマンレースに取り組む父子の姿は感動のドラマでした。ボートに脳性麻痺のリックを乗せて、ボートを引っ張って泳ぐ父、スイミングが終わると特別に作られた自転車に息子をさっと乗せて必死にペダルをこぐ父、そして車椅子のリックと走る父ディックの姿は、競技場に集まったすべての人々の目を奪いました。彼らはもはや同情される父子ではなく、この世に一組しかいない、自由で価値のある父子でした。(『ホイト親子、夢と勇気の実話 やればできるさ Yes,You Can.』ディック・ホワイト著、大沢章子《あきこ》訳、主婦の友社、二〇一一年、参照)

子どもは、神がゆだねられた尊い贈り物です。子どもとの関係を回復するには、神が命じられたとおり、行くべき道にふさわしく教え、霊的な成長のために祈って養育していかなければなりません。一人の人格として子どもに接し、親もまた学ぶという気持ちで歩み寄るとき、ディック・ホイト、リック・ホイト父子のように、世で最も美しい関係になることができます。

04 人間関係はどうしてこんなに難しいのか？

出会いは疲れる

私の一日を振り返ると、一日に数千人、いや、それ以上の人と会うことがよくあります。それもそのはず、牧師は説教を通して信徒と会いますから、礼拝がある日は数多くの人々と会うのです。それだけではありません。礼拝以外にも大小の集まりや、セミナーなど小グループで会うことや、一対一の出会いも実に多くあります。なので、日によっては多くの人と会うことになるわけです。会った人の数を毎回数えることはできませんが、とにかく多くの人と会った日はいつも以上にくたくたに疲れます。愛する信徒たちと会い、進取的なことを計画するなど、大部分は良い出会いであるにもかかわらず、なぜ疲れるのでしょうか。元来、人と人が対面する出会いは、肉体的、精神的にカロリーをたくさん消費するからです。人に会えば、知らず知らずのうちに神経を使い、その関係に注意を傾けている証拠です。

それでも、私たちは出会いを避けるわけにはいきません。人生は出会いの連続だという言葉もあるように、絶えず関係作りの延長線上にいます。一人一人と結ぶ関係が蜘蛛の糸のようにからまり、結局は地球村という一つの共同体を形成しています。もちろん、そのヒューマン・ネットワークがいつも堅固なわけではありません。途中切れた部分や、危うい部分もあります。

あるとき、信徒の家庭を訪問しました。その夫婦は教会ではとても善良な姿で、笑顔で奉仕をしていました。一緒に行った副牧師もその夫婦の献身さを知っていたので、このような称賛の言葉を言いました。

「お二人はお人柄がいいですから、家ではけんかなどなさらないでしょう？　本当に仲睦まじく見えます。お二人は本当に純粋な方々ですね」

ところが、この言葉を言い終えたとき、夫婦が浮かべた微妙な笑顔を見逃しませんでした。副牧師の言葉が切れると、目を合わせ、口角を上げて微笑んだのですが、まるで副牧師にこう言っているように見えました。

「そうですか？　それなら、一度一緒に暮らしてみてごらんなさい」

仲が良いというその夫婦の間にも、常に関係の問題は隠れています。実際、夫婦げんかで、夫婦が一番聞きたくない言葉があるといいます。夫が聞きたくない言葉は「別れましょう！離婚よ！」「全部あなたのせいよ」、妻が聞きたくない言葉は「おまえがそうしたんだろう」「結婚したことを後悔してるよ」などでした。ところで、夫も妻も同じように聞きたくない言葉の一位は何だったでしょうか。それは「もういい。この話はもうやめよう」だったそうです。お互いに一番聞きたくない言葉なのにあえて言うということは、関係を断絶したいという表現をしているわけです。だからといって、夫婦の関係が簡単に断ち切れるでしょうか。決してそんなことはないのに、私たちは思わず、関係を切ろうという表現をよく使います。

夫婦関係だけではありません。子どもたちが仲良く砂場で遊んでいても、何か気に入らなければ友だちを押しのけて叫びます。「もう、きみとは遊ばない」その一言で仲の良かった関係が全く関係のない他人になります。もう少し大きい子たちは、いじめの文化を遊びの文化のように楽しむあまり、友だちとの絶交が一つの遊びになっています。

社会に出ても同じです。最近、私たちの社会を襲っている〝甲と乙の関係〟〔訳注・歪んだ上下関係、パワハラ〕はもっと問題です。大きくは、企業と社員との関係から、上司と部下の関係、富んでいる者とそうでない者、正規職と非正規職など、数多くの関係の中で、どうしようもなく被害に遭う人たちも、被害を与える人々も生じます。そうすると、どんなに近かった仲間でも、一晩で敵になることもあります。

人間関係の問題は、葛藤という過程を経て深刻な問題を起こします。葛藤とは、葛の根のように、藤のつるのようにからまり、もつれて、疲れる関係、難しい関係を意味します。この葛の根のようにからまった関係は解かれなければなりません。このもつれは、だれかが代わりに解決することができるものではありません。自分でほどかなければなりません。

人間関係、何が問題か

二人の青年がいました。二十代後半の男女で、大学が同じで、初めは友人として過ごしていましたが、それぞれ社会生活をするうちに、二人だけで会うことが多くなりました。その頃、女性のほうが混乱し始めました。確かに二人だけで会い、食事もするし映画も見るのに、何か確かな関係ではないこと。「私たちは恋人なのかしら。それともただの友だちなのかしら」

ある日、女性が男性に深刻に尋ねました。

「私たちはどういう関係なの?」

出会って十年以上にもなる友人が、深刻にこんなことを聞いてきたので、男性も真剣になりました。実は、彼もよくわかっていなかったので、確かな答えをすることができませんでした。しばらく考え込んでいた男性は、こう答えました。

「そういう仲だよ」

関係、本当に曖昧なことが多くあるでしょう。絶えず作り続ける関係のうち、一生良い関係が続くこともありますが、問題が生じることも多くあります。そうなると、「関係を断つべきか、続けるべきか?」心の葛藤を感じます。曖昧な関係、これでもあれでもない関係、振り回される関係、会っても会わなくても別に問題のない関係、いびる関係、大変すぎる関係など、あらゆる問題があるのが関係だといえます。

しかし、関係をどのように整理するか決める前に、関係を大変にさせる理由を考える必要があります。私たちは大抵、人との葛藤の原因を他の所に見出そうとする本性を持っています。「私は何もしていないのに、あの人が気に障ることをするのよ」多くの場合、こんな言い訳をして弁明をします。しかし、本当にそうでしょうか。

教会でバスケットボール大会をしました。信徒の中から審判を出したところ、判定に不満がありました。そこで、次の時は外部から免許を持った審判を招きました。不平はなくなったでしょうか。いいえ。選手たちの不満は変わりませんでした。皆が自己中心的に考えたからです。

関係もまた同じです。関係は双方向で疎通が行われるツーウェイ（two way）方式です。つまり、自分と相手の相互間に結ばれるものなので、どちらか片方の一方的な問題だけを探すのでは困ります。それでも葛藤が生じるのは、自己中心的に関係を見るからです。

聖書にも葛藤の話が出てきます。信仰の父であるアブラハムには、ロトという甥がいました。彼らはもともと仲が良かったのですが、ある日から葛藤が生じ始めました。資産が多くなったことで生じた葛藤です。互いの所有である牛や羊が多くなり、一緒に暮らす土地の広さが充分ではなくなったことで、牧者たちの間に争いが起こったのです。これは甥とおじの葛藤というより、しもべたちの葛藤でした。言ってみれば、子どものけんかが大人のけんかになったようなものです。

牧者たちの間に葛藤が生じた理由は何だったでしょうか。どちらも自己中心的に状況を見ていたからです。彼らはアブラハムとロトの雇用人であるにもかかわらず、自分の領域が侵犯されたと考え、欲もあったのでしょう。より広い場所で牛や羊を飼うことを願い、相手の牧者たちよりも広い場所を手に入れなければ、と考えました。主人は何も言っていないのに、です。

葛藤の原因は、このように自己中心的に状況を見ることから始まります。自分自身を愛しすぎる自己愛から抜け出せないために、相手のことをまるで考えないのです。争いは欲から始まります。自分がもっと多く持とうとする、もっと愛されようとする欲は自分だけを見させます。先ほど述べたように、関係は自分と相手のツーウェイ・コミュニケーションで成り立つものなのに、欲に目がくらむと自分だけ一方的に要求するワンウェイになってしまいます。ですから立場を換えて考えることが重要です。

関係に問題をもたらすもう一つの理由は、意思疎通の技術にあります。目を見るだけで相手の心がわかる関係は多くありません。互いに愛し合う恋人も内心を知らず、同じ枕を使う夫婦もまた互いに違う考えをします。ですから神は「対話」という良い贈り物をくださいました。

しかし、意思疎通の方法が洗練されていないために、相手を不快にしたり、曲解させたりすることがあります。愛するガールフレンドに食べたい昼食のメニューを聞くと、「何でも」という答えが返ってきました。だからといって本当に何でもむやみに注文すると、いつまでも悪口を言われます。雑な話を粘り強く聞き取るセンスも必要ですが、粘り強く話すセンスもまた必要です。

特に心が痛むのは、間違ったSNS上の対話です。匿名性が保障されたオンライン上での出会いは、簡単に関係を結ぶこともできますが、傷つけることもあります。何の気なしに自己中心的なコメントを書いたり、時には人格攻撃をしたりするなど、間違ったコミュニケーションは関係を壊すだけでなく、深刻な社会問題まで引き起こします。

関係に問題があると思われるときは、自分の意志疎通を省みる必要があります。メッセージがはっきりしていたか、ちゃんと意志を伝達したか、自分の立場からだけ語ったのではないか、よく考えるだけでも関係悪化を防ぐことができます。

人間はだれもが罪性を持った弱い存在です。自己中心的に考えることを好み、都合のいいように解釈することを願います。絶えず関係を結んでいく人生において、葛藤が生じるのは当然です。それでも神は私たちを、互いに寄りかかって生きるように造られ、その創造の真理に順応するようにされました。ですから、私たちにできることは関係を省みて点検することです。

関係、断つべきか?

もう何年も前のこと。牧会をしていて、私を本当に疲れさせる人がいました。私のやることなすことすべてにいちゃもんをつけ、私が頼んだことはほとんど言い訳をしてやりませんでした。初めは、これも試練の一つだと考えて忍耐していましたが、だんだん度を超えてきました。するると、教会に向かうときはうれしいのに、その人に会うとおのずと不安になりました。

事情を知る人は、もうその人との関係を断ってしまいなさいとアドバイスしてくれました。一人のせいで教会全体が影響を受けるかもしれないという考えから頷きましたが、それもしばらくの間で、私から関係を終わらせることはできませんでした。

どれくらい経ったでしょうか。その人のほうから私のもとを去って行きました。どうしても我慢できなかったのか、ほかの所を求めて出て行ったとき、心が痛みました。もう少し温かく接すればよかった、もう少し受け入れてあげればよかったと後悔しながらも、その人が幸せであることを願いました。

数年後のある日、その人が私を訪ねて来ました。あまり良くない別れ方をしていましたが、それでもうれしく思ってあいさつをしました。ところが、彼がとてもすまなそうな表情を浮かべてこんな告白をしたのです。

「先生、それでも先生は私を一番よく理解してくださいました。今まであちこち通いましたが、先生ほど私を愛してくださる方はいませんでした。大切な方でした」

あんなに私を疲れさせ、苦しめたその人に対する痛みの記憶より、最後まで関係を切らなくて幸いだったと感謝した記憶があります。

関係には良い関係もありますが、否定的な関係もあります。もしかしたら、否定的な影響を与える関係のほうが多いかもしれません。人の本能は、悪いことのほうをよく覚えているからです。問題は、良い関係は良い影響を与えるのでいいのですが、否定的な関係については人々が決断を下そうとすることです。

「もういい。縁を切ろう。あなたに会わないからといって大きな害はない」名づけて関係断絶に突入します。ところが、人の縁は簡単に切れないことのほうがはるかに多いのです。親子間の関係が疎遠になったからといって断ち切ることはできません。

数十年間一緒に暮らしてきた夫婦関係を、ちょっとこじれたからといって切ることはできません。また、切ろうとして切れるものでもありません。いつどこで会うかわからないからです。

それならば、否定的な影響を与える関係についての考えを変えなければなりません。正当ではない関係もあり、不公平な関係もあります。しかし、悪い関係が与える価値もまた、確かにあります。不公平な関係の中で神がくださるメッセージが確かにあるのです。

一緒に働いていた人のために大変な思いをしましたが、その人との関係を断つより、最後まで手離さなかったことを通して、神は大きな慰めをくださいました。時間はかかりましたが、彼が私の心を理解してくれ、私の価値を尊重するようになったという告白は、大きな気づきになりました。

「ああ、神様は悪い影響を与える関係を通しても、私を訓練し、関係の価値を教えてくださったんだなあ」

つらい関係を通して、私たちは自分を省みるようになり、訓練の機会となります。その過程を通っていくと、苦難が与える神秘があります。出来事、出会い、状況、この三つを通して価値が変化するということです。三つの変数の中に出会いが入っているのは、それくらい関係が大切で、そこから得られる価値が確かにあるという意味です。

神はその価値をたましいの大切さとして示してくださいます。つらい関係のゆえに祈るとき、自分を苦しめる相手のたましいを顧みさせます。その人もまた神が選ばれ、愛しているたましいだと悟った瞬間、私たちはたましいの価値に目が開かれるのです。

避けられないなら楽しもうという言葉があります。関係を断ち切れないなら、悪い関係さえも楽しむ必要があります。アイロニーですが、成功的な失敗となるように努力しなければなりません。真の失敗とは、転んだときに何も握らないで起き上がることだという言葉があります。

何か拾って立ち上がるなら、それは成功だという意味です。

否定的な関係、つらい関係にも確かなメッセージがあります。その中に神が介入しておられるので、たましいの価値を感じさせると同時に、時間が経って、より大きな慰めと悟りを与えてくださいます。だから、事実上、完全に否定的な関係はないと考えるべきです。

関係改善説明書

葛の根のようにもつれた関係、葛藤は解決しなければなりません。放っておくにはあまりにも長い間苦しむ落とし穴となるし、切ろうとしても切れません。だからといって、たましいは大切だと悟って終わるより、むしろ積極的なアクションで関係を改善しなければなりません。

関係改善のために、最初にとるべき態度は、自尊心を捨てることです。関係に問題が生じると、傷が生じて心が痛みます。いわば自尊心が傷つくのです。しかし、関係のゆえに受けた傷は、自然には治りません。自尊心を守って我慢していると、傷がますます化膿するばかりです。

自尊心より問題解決が先です。アブラハムは甥ロトと葛藤が生じたとき、迅速で積極的に問題解決の先頭に立ちました。アブラハムがとった行動を英語の聖書で見ると「So Abraham said to Lot」（創世13・8／NIV）と表現されています。これは、ふたりのもとにいる牧者たちの間に葛藤が生じた直後、「すぐに」ロトに語ったということを意味しています。自尊心の罠にかかってだらだら引きずるより、迅速に解決しようとする意図が垣間見える場面です。

関係が良くならないとき、多くの人々は葛藤を起こした原因のためではなく、葛藤によって生じた自尊心と感情を解決できずに、さらにつらい思いをします。そのため、相手のほうが先に歩み寄ってきて謝ることを切に願います。

夫婦間に隙間が生じたときも、いわゆる精神的な争いをします。夫婦げんかの後、どちらが先に話しかけるかによって、負けが決まると考えます。先に話しかけると、自ら折れたようで自尊心が傷つきます。ある夫婦は夫婦げんかの後、三か月互いを幽霊扱いして生活したという証し（?）をしていました。

ところで、聖書に出てくるアブラハムとロトの葛藤で、アブラハムがとった行動はそうではありませんでした。自分とロトの牧者たちの間に、互いに広い土地を使おうという葛藤が生じたとき、息子のように育てた甥をけしからんと思ってもおかしくはありません。これまでどうやって育ててきたか、過去の功を振り返れば、怒ることもできました。ロトもまた、おじに対して恨む気持ちがあったでしょう。おじなのに、なぜ牧者たちの争いを放っておいたのか、管理能力がないと考えたかもしれません。

しかし、アブラハムは葛藤の瞬間、すぐに行って問題を解決しました。先に話しかけ、問題の根源に接近しました。「あなたが左なら、私は右に行こう。あなたが右なら、私は左に行こという」(創世13・9)。言ってみれば、土地が狭くて生じた葛藤だから、土地を分けて別々に進もうということです。

マタイの福音書5章23節から24節を見ると、このようなみことばがあります。

「ですから、祭壇の上にささげ物を献げようとしているときに、兄弟が自分を恨んでいることを思い出したなら、ささげ物はそこに、祭壇の前に置き、行って、まずあなたの兄弟と仲直りをしなさい。それから戻って、そのささげ物を献げなさい」

みことばも、葛藤が生じたときにはまず仲直りすることを語っています。まず行くこと、問題解決に向けた最初の一歩とならなければならないということです。そうすれば葛藤そのものに集中して、迅速に関係を回復することができるからです。

二番目の関係回復の方法として、利益より関係の重要性に集中しなければなりません。アブラハムがロトのところに行って最初に言った言葉はこうでした。「アブラハムはロトに言った。『私とあなたの間、また私の牧者たちとあなたの牧者たちの間に、争いがないようにしよう。私たちは親類同士なのだから。』」(創世13・8)

実際、この状況では一緒にいることができないのですから、どちらかが利益を得、どちらかが損害を被るしかありません。牧者たちが互いに争っているために土地を分けるのですが、公平にはできません。ところが、アブラハムは自分が利益を得よう、損をしようというような、利害には集中しませんでした。ただ、私たちは親類同士だと言うことによって、関係を浮き彫りにしました。

「私たちは同じ家族ではないか」

私たちをつらくする関係は、親かもしれないし、家族かもしれません。親しい友人かもしれません。自分が仕える共同体のこともあります。私たちはそのような多様な関係の中にいます。

利益や実利を追求していると、関係を見過ごしてしまうことがあります。しかし、関係は長く続きます。ずっと一緒にいます。利益より関係に集中すれば、結果的により大きな利益につながります。聖書はその関係が重要だということを、アブラハムを通して教えてくれています。

この出来事の後、土地を分けてアブラハムとロトは別れますが、関係は続きます。後日、ロトが戦争の捕虜となったとき、彼は行って甥を助けます。利得を得ることはできなくても、関係は続き、より深まったのです。神はこのような深い関係を願っておられます。

関係改善のための最後の方法は、目に見えるものより信仰の選択をすることです。アブラハムが甥のところに行って関係を浮き彫りにした言葉は、信仰の選択でした。

「全地はあなたの前にあるではないか。私から別れて行ってくれないか。あなたが左なら、私は右に行こう。あなたが右なら、私は左に行こう」（創世13・9）

アブラハムは、先に選択権を与えました。そのとき、ロトが目を上げて見た土地は、東側にある肥沃《ひよく》な土地でした。ロトはそこに行くと言い、アブラハムは自分の言ったとおり反対側の土地を選びました。見た目にはロトのほうがはるかに良い土地を選びましたが、聖書はアブラハムとロトの決定を、目に見える決定と信仰の決定に対比しています。

ロトは「目を上げて……見渡すと」、つまり自分の目で見た土地を選びました。反面、アブラハムはロトに先に選択権を与え、無条件に反対側を選ぶという信仰の決断をしました。神は、ロトが去った後アブラハムに現れて、彼の足が踏むその土地を与えるという祝福をくださいました。アブラハムが甥との関係のために、目に見えるものではなく信仰の決断をしたことに対する祝福を注がれたのです。彼が神の導きを信頼していたから可能なことでした。神を喜ばせるときに神がどのように満たし、どのように共にいてくださり、どのように助けてくださるかを信じるがゆえに譲歩するという信仰の選択ができたのです。

私たちが結ぶ関係は、相変わらず霧の中をさまようようです。葛藤の中で自分の考えに遮られて難しい関係にはまってしまうことがあります。関係の難しさがあるとき、私たちはすぐに問題解決に集中しなければなりません。利益より関係を大切にし、神にゆだねる信仰の決断が必要です。私たちの人生のすべてを主管する神は、そのような決断を通して喜ばれるので、決して損したり傷ついたりさせません。神を信頼するゆえに赦し、譲歩する信仰の決断を下すとき、その時から関係改善の信号が青になります。

良い関係、価値を伝達しよう

「あなたはだれとの関係を一番大切に考えますか？」

だれかがこう尋ねたなら、思い出す人がいます。日曜学校のアン先生です。先生は卓球の実力がない私に卓球を教えてくださった方です。平凡な方でしたが、特別に覚えている理由は、おいしいジャージャー麺をごちそうしてくれたからです。当時、ジャージャー麺は最高のプレゼントであり、喜びでしたが、平日に先生に会うたびに、そのプレゼントをくれたのです。

歳月が流れましたが、卓球の実力は上がっていません。しかし、ラケットを握るといつでもアン先生を思い出します。そうすると必ず微笑みがこぼれ、黒いソースに混ざったジャージャー麺が思い浮かんでアン先生の姿がオーバーラップします。

私がアン先生との出会いを一番強く覚えている理由は何でしょうか。何よりもジャージャー麺という貴重な食べ物をごちそうしてくださり、次に実力のない私を信じて最後まで卓球を教えてくださるなど、信仰と信頼をくださった人間的な姿のためだと思います。

実際、一番記憶に残る人を挙げてくださいと問うと、意外にも有名人の名前はそれほど多くありません。アン先生のように平凡な、とても個人的な関係で思い出す人のほうが多いです。なぜでしょうか。良い関係は良い価値を伝えるからです。もちろん有名な方が人生のメンターとなる人もいますが、各個人の人生において伝達される価値は、有名税にはなく、その人の価値にあります。

良い出会い、良い関係は何か特別なスペックを持つ人々にだけ当てはまるのではありません。ほとんどの人にとって一番記憶に残る人、自分に影響を及ぼした人は、近くは親や隣のおじさん、先生、牧師などあまり知られていない、とても平凡な人です。この世的に見れば平凡かもしれませんが、当事者にとっては特別な価値を伝えてくれるからです。その価値の中には、なぜ生きるべきなのか、あの人のように生きたい、とても過分な愛を受けたから愛を与えようなど、私たちの人生に良い影響力がしみ込んでいます。

関係を通して最も尊い影響力を伝えてくださった方はイエスです。イエスはこの地に来た時から葛藤の中におられました。その当時、社会での既得権を奪われるのではと恐れていたパリサイ人たちは、イエスを十字架につけることを願いました。エルサレムの町に入るとき、イエスに向かって「ホサナ」と叫んだ群衆も、初めはイエスについて行きましたが、ピラトの前に連れて行かれたイエスを、十字架につけろと叫びました。イエスはその瞬間、自分を救うことができましたが、喜んで十字架にかかられ、私たちの罪を贖う恵みを注いでくださいました。かえって葛藤の関係に追い込んだ人々をあわれんで、彼らの罪を赦してくださいと祈られました。葛藤の関係に黙々と耐え、信仰の決断をされたのです。

十字架の出来事の後、人々はイエスを忘れることができませんでした。罪がないにもかかわらず、彼は葛藤の関係に置かれた人々を赦し、譲歩する決断をなさいました。人々はイエスとの出会いを通して赦し、愛しなさいという価値を伝えられました。その影響力が今日まで価値として伝えられ、救われた人々が日々あふれているのです。

私たちは絶えず、人と関係を結んで生きています。良い関係は、相手が自分にどのように接するかにかかっているのではありません。私がどのように良い友人になれるか悩むことから始まります。神は否定的な関係からも確かなメッセージをくださり、私たちは価値と影響力を得ようと努力しなければなりません。また、さまざまな関係の中で私は相手にどんな価値を伝達しているか、いつも考えて質問しなければなりません。

「果たして私は、出会いでどのような価値を伝えているだろうか」

PART 2

曖昧な「日常」を決めてくれる神

クリスチャンとして生きていると

損をした気分になることもあります。
神の子としての責任と使命、犠牲が伴うからです。
しかし、目に見えるものがすべてではありません。
見えない手が、四方から私たちの人生を導いてくださるので、
責任も喜んで果たし、犠牲も喜んで払うことができます。
すべてを働かせて益としてくださるとすでに知っているので、
生活の中のぼんやりした曖昧な部分も解決していくことができます。

05 区別された人生、どう生きるか？

クリスチャン？ ノンクリスチャン？ 区別された人生？

ある青年がいました。幼い頃から信仰生活を送っていた彼は、神の子どもとして真っ直ぐに成長し、おかげで、周囲にはその青年に対する称賛が広まっていました。どこに行ってもクリスチャンとして申し分ないとほめられ、いつの頃からか、彼は心の中でクリスチャンらしい人生を強く意識するようになりました。

食事のときも両手を合わせて熱心に祈り、誠実なクリスチャンの姿を示し、車に乗るときも、人に会うときも、黙想するときも、目に見える信仰生活を送っていました。それだけでなく、どの場面においても、区別された姿を見せるために努力しました。時折ガス抜きをしたくても、軽く見られるのではないかとぐっとこらえ、信号無視をすることなど夢にも見ませんでした。

人々はその誠実な姿に、ますます口をそろえて称賛しましたが、実は、だんだん疲れていきました。周囲を意識するようになってから、信仰の混乱も起こり始めました。

「僕は今、神様に心から祈っているのだろうか。それとも、人々によく思われるためなのか？」

青年は次第に自分を締め付けていく生活の圧迫に、参ってしまいました。

ノンクリスチャン（nonchristian）、英語的表現ではクリスチャンではないという意味ですが、韓国語では「あな《ノ》た《ン》はクリスチャン」という表現にもなります。神を信じていない人々も、クリスチャンとなる確率が高いことを意味しているのではないでしょうか。そうであってほしいと思います。

ところで、クリスチャンというと、先ほどの青年のような姿が思い浮かびます。特に、ノンクリスチャンが考えるクリスチャン像というものがあります。関心を持たれている証拠なので、悪いことではありませんが、あまりにも多くの期待があることにプレッシャーを感じます。その期待の中には、クリスチャンは法規をすべて守るだろう、嘘も全然つかない無欠の人だろうなどといったものがあります。しかし、クリスチャンもまた、罪から自由ではなく、失敗することもあります。

それでも、神を信じる人々は区別された人生を目指します。神が民を選ぶとき、すでに区別したと言われたからです。

果たして、区別された人生とは何でしょうか。区別されたという意味が曖昧です。白い服ばかり着てきよく歩むというような差別化された姿が、区別された姿なのではありません。区別されたということには、別に取り出して区分しておくという意味があります。これを聖と言います。

区別された人生について誤解する理由は、道徳的な面ばかりを考えるからです。区別された人生というとき、行いや社会的規範をよく守るかなどを見て、律法的に考えることが多くあります。そのため、道徳的によく守っているかどうかに失敗と成功の基準を置いたりもします。

聖書的に考えるならば、区別された人生の一番重要なポイントは、自分がいる所で本当に道徳的にきよい人生を歩むことではなく、何のために区別されたかを悟ることです。神がなぜ私たちを選ばれ、何のために区別されたかを考えることが、優先されなければなりません。

聖の曖昧さ

クリスチャンが最も負担を感じる聖書のみことばは何でしょうか。おそらくペテロの手紙第一1章15節から16節のみことばではないでしょうか。

むしろ、あなたがたを召された聖なる方に倣い、あなたがた自身、生活のすべてにおいて聖なる者となりなさい。「あなたがたは聖なる者でなければならない。わたしが聖だからである」と書いてあるからです。

神は聖であり、その聖なる神が私たちに向かって、あなたがたも聖でありなさいと言われるのですから、なんとなく手の届かないことのように思えます。

あるとき、ひとりの信徒がこんなことを話してくれました。祈禱院に行くと、そこにいた牧師がとても敬虔に見えて、聖く思えたというのです。とても誠実な信仰者の姿勢だったのだろうと思いましたが、その信徒の口から出た理由はとても単純でした。白い服に白い靴で温和な表情を浮かべて歩いていたのが、まるで天使が歩いているようだったのだとか。

普段の声と祈るときの声の変化で聖さがわかるのでしょうか。まるで天使が歩いているかのように白い服に白い靴ならば、聖く見えるのでしょうか。そうではありません。これらはすべて聖に対する誤解から出る誤った考えです。多くの人々は、聖い姿に対する誤解から、偉大な境地に至ることだけが聖だと考えます。また、完全に劇的で極端な聖の姿を描いたり、逆にあまりにも負担を感じすぎて諦めたりもします。

ある人は、だれでもキリストの内にあるならば新しく造られた者なのだから新しい人になったのだと言いながら、他の人々と区別された人生を歩んではいないことがあります。一方、どうすれば主に従って区別された人生を歩めるだろうか、それは最初から不可能だと考える人もいます。そして、聖という単語をとても距離の遠い単語と考えて聖そのものを諦めようというのです。ところで、聖い人生を歩むことが不可能だとしたら、神は私たちに聖でありなさいと命令されたでしょうか。

いいえ。聖とは、そのように遠い場所にある曖昧なものではありません。イエスを救い主として受け入れて救われたことによっても、私たちはすでに聖い人生を歩んでいます。もちろん、この地上にいる間は完全に聖くなることはできません。神の聖さに到達することはできませんが、はっきりと区別された人生、敬虔な人生、聖化の人生の姿に近づくことはできます。

神は私たちをご自分の目的のために区別されました。区別された人生の最も重要な点は、神の召し、すなわち、私たちが神の目的のためにそれぞれ立てられたという点です。ところが、自分を召した神の目的、その召しの召命をよく知らないまま生きていると、沼にはまってしまいます。

テモテへの手紙第二3章5節に「見かけは敬虔であっても、敬虔の力を否定する者になります。こういう人たちを避けなさい」というみことばがありますが、このみことばは、神の目的を考えずに変わろうとするなら、ただ道徳的で律法的な人になるという一種の警告です。ですから、クリスチャンの区別された人生について語るときは、神が自分を召した目的について考えて祈らなければなりません。

区別された人生の証拠――言葉

神は、選ばれた人として私たちがどのように聖く生きることを願っておられるでしょうか。何かのたびに「Holy《ホーリー》」と言うからといって聖くなるのではありません。神はみことばを通して聖の姿を三通りに表現しています。

自分は宗教心にあついと思っても、自分の舌を制御せず、自分の心を欺いているなら、そのような人の宗教はむなしいものです。父である神の御前できよく汚《けが》れのない宗教とは、孤児ややもめたちが困っているときに世話をし、この世の汚れに染まらないよう自分を守ることです。

（ヤコブ1・26―27）

このみことばに、私たちに要求している神の区別された聖の姿が出てきます。真の敬虔の三つの基準は、言葉と行い、そして、心と考えを守る所信にあります。事実、このみことばに出てくる三つの基準は、多くの人々が区別された人生だと考える基準とほとんど同じです。神を知らない人々もこのような人生の基準で区別されるべきだということに共感するという意味でしょう。

まず、神が私たちに願っておられる聖い人生の第一歩は言葉です。以前、牧師夫人のためのセミナーに参加して彼女たちの話を聞いたことがあります。牧会者を助ける者として立てられた牧師夫人こそ、聖に対するプレッシャーを強く感じる人たちです。静かすぎれば何もしていないと言われ、活発すぎれば浮かれていて手本にならないと言われる牧師夫人たちの話に、胸が痛みました。とにかく、そのセミナーは、牧師夫人たちが胸の内を打ち明け、その中にある苦い根を取り除く時間が中心となっていました。

そして、集まった多くの牧師夫人たちがようやく打ち明けた苦い根は、言葉に関するものでした。ある方はすでに還暦を過ぎ、三十年以上牧師夫人として人々を助ける働きをしていましたが、取り除けない苦い根が、時折、急に自分を苦しめると言いました。まだ幼い頃、田舎で五人娘の四番目として生まれた彼女は、親からのことばの暴力に苦しみました。

「あ～あ、娘が何の役に立つからといって、生まれて来たのかね……」

「女の子が勉強して何になる？　三食食べさせてやるだけでもありがたいと思いなさい」

自分は何の役にも立たない人間だ、という考えがいつも心の片隅にあり、そのために親を非常に憎んだそうです。神に出会って、親に対する恨みや憎しみや傷もすべていやされたと思っていましたが、そうではありませんでした。怒りが生じたとき、知らず知らずのうちに子どもたちにひどい言葉をぶつける自分の姿を見るたびに、ひどい罪責感に苦しんでいたのです。

彼女は親から傷つけられた言葉を打ち明け、長い間泣いて神に助けを求めました。それから、高齢の親に会って、それまで心にしまっておいたこと、自分が傷ついた過去を話して和解したそうです。不思議なことに、わだかまりがなくなると、彼女を苦しめていた怒りや憎しみが消え、時折子どもに投げていたひどい言葉もなくなったといいます。

言葉は長い間、人をとらえる恐ろしい武器です。みことばも、舌にくつわをかけなければ、宗教に熱心だといっても言葉をコントロールすることができないならむなしいと言っています。それだけ言葉の統制能力が重要だということです。

時々、よく祈る方の中に、考えなく言葉を口にする人がいます。本人はよくわからないでしょうが、聞いている人たちはその言葉によって傷つきます。どんなに教会のために熱心に働き、熱い信仰生活を送っていても、他の人々を傷つける言葉は決して手本になりません。

人は心にあることを口で語ると聖書は言っています。心が善良なら善良なことを言い、悪ければ悪いことを言うようになります。ですから、言葉によって、その人が本当に敬虔か、そうではないかを知ることができるのです。

特に、信仰者の言葉が現実と信仰とで違うとき、より傷つきます。青少年たちと話していると、意外と親の言葉に傷つき、試みを受けているケースが多くあります。教会での親の言葉が現実と違うのです。教会では聖と敬虔、愛を語っているのに、家に帰ると子どもに向かって否定的な言葉を吐くなら、子どもたちは懐疑と疑心を抱き、つらい思いをします。子どもにとって人生のモデルとなる親の言葉は、その子どもたちがひねくれたり傷ついたりする上で大きな役割を果たします。前述の牧師夫人が数十年間、親の言葉に苦い根を持っていたのを見てもわかるではありませんか。

また、ある人々には、鋭い言葉で人の問題を見つけ出す賜物（?）があります。他人の言葉尻を捕らえることだけに神経を使っているのか、「あの人はあれが問題だ」「ああいうふうに言うのは間違っている」などと、問題を指摘することが神から与えられた使命だと考え、言葉で傷つけることもまた、舌にくつわをかけない行為です。

私もまた、ある信徒の言葉で教えられたことがありました。早天祈禱会を「主の祈り」で終えると、一人の執事が私のところに来ました。

「先生、さっき、主の祈りを間違えたの、わかっていますか?」

「え?　何ですって?」

「御心の天になるごとく地にもなさせたまえ……というべきなのに、『も』が抜けていました」

「ああ……そうですか?　今度から気をつけます」

牧師になって信徒から指摘されたので、急にそれがストレスになりました。おそらく早天祈禱会の間、夢うつつにあやふやな発音をしたためでしょうが、翌日の早天祈禱会では、指摘した信徒の顔が目に入ると、「御心の天になるごとく地にもなさせたまえ」と「も」を特に強く発音しました。その次の日も同じでした。ところが、そのことばかり考えていたので、今度は主の祈りの「天にましますの我らの父よ」が出てきません。主の祈りが天におられる私の父にささげる祈りであり、信仰を告白する祈りであるにもかかわらず、一人の信徒の指摘一言によって緊張を覚えるようになったのです。

一方、言葉で人を立てる人々もいます。韓国のことわざでいうように、「一言で千両の借りを返す」方々です。

ほかの人よりも早く来て教会で奉仕する執事たちに「お疲れ様です」と声をかけ、かえって彼らから「先生、感謝なことです。ほかの人より早く来て神様の働きをできるようにしてくださっているのですから、私のほうが感謝ですし、うれしいです。このような教会に通わせてくださって感謝です」と言われると、自然と気分が良くなります。感謝する心に対して、もっと熱心に働きをしようと決心します。

神は信じる人々の言葉について、はっきりと語っておられます。みだらなことや、愚かな話や、下品な冗談は良くない、むしろ感謝しなさいと。特に最近のようにSNSで疎通する社会で、言葉にはさらに注意しなければなりません。見えない空間でむやみに言葉で攻撃したり、悪意のあるコメントで傷つけるような行為は、必ず注意しなければなりません。

発明王エジソンは、今でいう発達障害だったのではないかと言われており、「ほかの生徒に迷惑だ」としてわずか三か月で小学校を退学となります。しかし、彼の母は息子を否定せずに、その疑問にとことん付き合い、「あなたはできる」という励ましの言葉をかけたので、エジソンは、それによって絶えず努力し、発展して人類に貢献する発明王となりました。

死と生は舌に支配される、と警告する神のみことばを覚えなければなりません。敬虔の始まりは、言葉から出てきます。

区別された人生の証拠――奉仕

神が願っておられる真の敬虔の姿は、やもめや孤児を助けることです。ヤコブの手紙1章27節に出てくる「孤児ややもめたちが困っているときに世話をし」というみことばは、困っている人に仕える奉仕の姿を意味しています。ところが、ここでの奉仕をただの奉仕と考えると、意味が曖昧になります。

ある人々の奉仕は、果たして困っている隣人を助けるためのものか、理解できないときがあります。自分を目立たせるための奉仕も多いからです。また、自分の気分転換のために、奉仕という見栄えの良い口実を探したりもします。

聖書における区別された人生、真の敬虔の生き方であるやもめや孤児を助けることは、すなわち自らが困難の中で助ける奉仕を意味します。時折新聞記事になる方々のうち、長い間トッポッキ屋台で稼いだお金で生涯奨学金の支援をしたおばあさん、新聞配達をしながら独居老人を助けた青年など、光も名もなく奉仕を実践する人々の姿が真の奉仕です。

自分の義を現さない純粋な慈しみの思い、私たちの人生の中にそのようなことはいくらでもあります。周囲をよく見れば、大変で困難な隣人に対して私たちが仕えることのできる部分があります。それが好きだから、楽しいから、したいからするのではなく、本当に人々の力になり、励ましになり、祝福になるための奉仕こそ、神が願っておられる姿です。

「ガイドポスト」誌に、キム・ドンホ牧師が「真の奉仕」（진정한 섬김）という題でこのような文を書いています。キム牧師が清涼里《チョンニャンニ》にある教会の教会学校の伝道師をしていたとき、校長として仕えておられた長老がいたそうです。その方は五百余名出席する教会の長老として、教会予算のおよそ三分の一を担うほど、多くの献金で仕えていました。ですからキム牧師は、教会学校の伝道師として、物質的な困難を覚えずに働くことができましたが、あるとき役員会に提議したいことがあって、長老にお願いをしたそうです。教会予算の多くを担っている長老なら、役員会で発言すれば力になると考えたからでした。ところが、意外なことに、長老は一言のもとに断ったというのです。

「先生、私と先生の間だから申し上げますが、ご存じのとおり、私は献金を多くささげています。ですから、役員会ではできるだけ発言をしないようにしています。献金を多くするか、発言を多くするか、どちらか一つだけにするべきで、両方してはいけません。私も悪くなるし、教会も試みられます」

キム牧師は長老の言葉に大きな衝撃を受けたそうです。それこそ光も名もない奉仕を実践している長老の信仰観に、大きな感銘を受けたのです。このように真の敬虔の姿、区別された人生は対価ない奉仕と救済、分かち合いと顧みに現れます。

区別された人生の証拠 ── 所信

神が願っておられる区別された人生は、世とかけ離れた人生ではありません。教会の中でだけ過ごして、徹夜祈禱、早天祈禱、断食祈禱……礼拝という礼拝はすべて出席し、礼拝堂から離れないことを敬虔だということはできません。

ある牧師が四十一日断食祈禱をすると決めました。理由はと言えば、イエスが四十日の断食祈禱をしたから、自分はもう一日増やして四十一日、山で断食するということでした。そこで四十一日経ち、友人の牧師が断食祈禱していた牧師を迎えに山に行ったところ、天国に召された後でした。すると、迎えに行った牧師は泣いてこう言ったそうです。

「ああ、イエスが四十日だったなら、あなたはもう少し短くすればよかったのに……」

イエスよりも多く祈ろうという傲慢な固執が牧師を死に導いたのではないでしょうか。自分の思いだけで動くなら、何もすることができません。

本当に重要なことは、神がくださる思いで謙遜に世と生きていくことです。神は私たちにこの世から自分を守りなさいと言われました。それと同時に、あなたがたは地の塩、世の光だと言われました。教会の塩、教会の光だと言われなかったのは、世とかけ離れて過ごすのではなく、世を照らす役割をしなさいという意味です。

世の中で共に生きていても、世から自分を守るとはどういうことでしょうか。不敬虔な共同体の中で、いったいどうやって敬虔な人生を歩むことができるのか、不義な世でどうやって正義のある信仰の人生を歩むことができるのか、曖昧な問題として迫って来ます。これについて聖書の答えは、信仰を守りなさいと言っています。守るものを守り、神のみことばどおりに生きようと努力することです。

ところで、信仰を守って生きていると、時々、つらく、嘲弄され、苦難や迫害に遭うこともあります。そのとき、多くの人は神のゆえに自分が迫害されていると考えます。しかし、この苦難の理由は、イエス・キリストのゆえではなく、私たちの価値観や信仰のゆえではなく、自分が間違っていて、自分の失敗のゆえであることのほうが多いのです。

もちろん神は、不義なこの世で敬虔に生きようとする者は迫害を受けると言われました。ですから問題や苦難の理由をよく見なければなりません。みことばを読み、みことばどおりに生きようとあがいたかどうか、省みる姿勢が必要です。そして、祈ってしがみつかなければなりません。

世から自分を守るとは、世から離れることではなく、世の中で光と塩の役割を担う姿のことです。私たちが信じるものを握りしめ、区別された者として語るとき、また、信仰を守ることで、区別された姿を示すとき、それがすなわち光と塩になります。また、人生のさまざまな選択の中でも揺るがされず、みことばどおりに生きてＹｅｓとＮｏをはっきり言うことができなければなりません。

果たして私たちは、神が語っておられる区別された人生を生きているでしょうか。あなたの人生の中で困っている隣人に対して具体的に示し、ささげ、分かち合っているところがあるでしょうか。人生のさまざまな誘惑に耐え、勝利し、信仰を守っているか、区別された人生について曖昧な基準のせいにしてはいけません。神は明らかに三つの区別された姿を要求しておられます。

区別された人生、どうやって歩むべきか

この地でクリスチャンとして区別された人生を歩むことは、決して簡単ではありません。そ

れでも、神の民として真の敬虔のために生きなければなりません。どうやって区別された人生の姿を持つことができるでしょうか。まず、回復し、訓練を経て忍耐しなければなりません。

私たちはミスをすることがあります。失敗することもあります。思うように人生を歩むことができないこともあります。もう少し違う人生を生きたいのに、すぐに誘惑に陥って、信仰が弱くなるかもしれません。しかし、諦めてはいけません。私たちは信仰を守ろうと意志を固くしますが、一度誘惑に陥って立ち上がれなくなると、区別された人生に挑戦することはできません。神は回復の神です。神は私たちの弱さをだれよりもよく知っておられるので、何度でも挑戦して立ち上がるなら、回復の神が私たちを再び立たせてくださいます。

一度立ち上がったなら、絶えず訓練しなければなりません。「俗悪で愚にもつかない作り話を避けなさい。むしろ、敬虔のために自分自身を鍛錬しなさい」（Ⅰテモテ4・7）というみことばのように、私たちの人生は鍛錬の連続です。最近の社会は、挑戦も励ましも学びも多いですが、訓練はとても少なくなりました。訓練は自分の意志によって行うものですが、弱くなりすぎたために訓練しようとしません。

訓練には、時間と場所が必要です。目的と計画がなければなりません。区別された人生のための訓練なら、神のみことばと黙想がどうしても欠かせません。世に勝つために、区別された人生のために、自分が果たしてどんな訓練を受けているか、問いかけてみてください。世に勝つための訓練はみことばと黙想、分かち合いと交わり、時間と忍耐の過程が必要です。

私たちの教会の若者の小グループで感じる彼らだけの訓練過程は、大きなチャレンジとなります。イエスに似るために努力し、世と区別された人生を生きるために、世に勝つために自分を鍛錬する過程を喜んで受け入れる若者の訓練が、神が喜ばれる人生だと確信します。

もちろん、直ちに世と区別された人生を生きることはほとんど不可能です。一日でイエスを信じて変えられたという証しを聞くこともありますが、一晩で人生の姿が変わることは、考えようによってはもっと難しいでしょう。神は訓練という過程を通して、自ら感じさせる過程を望んでおられるからです。訓練を通して忍耐する過程の中で、恵みを与え、人生が変えられる喜びも順々に経験させることを、神は願っておられます。

Show me

世は私たちに要求します。あなたはクリスチャンなのだから区別された姿を見せてほしいと。私たちの内に区別された姿を見出しにくいこともあります。不義な世の中で、つらくて困難に遭いますが、神に似ていく人生、イエスならどうするかと質問して悩む人生が私たちの内にあればいいのです。計画なしに流されていくのではなく、神の目的に向かって動く、そのような人生を夢見ればいいのです。

区別された姿を見せてほしいと世が言うとき、省みなければなりません。私の言葉はどうであるか。困っている隣人に対してどう反応しているか。世のものに対する私の態度はどうか。神が語っておられる聖い目的に向かって動いていることを願います。

ある夫婦が長い忍耐の歳月を経て、尊い子どもを与えられました。十年間祈って与えられたので、目に入れても痛くない子どもでした。しかも後継ぎの男の子でしたから、無条件に甘やかしてもおかしくありませんでしたが、夫婦はとても知恵深い人たちでした。その子どもに「あなたは神様が選んだ子どもだよ。だから神がこの地に遣わされた理由を知って、神の栄光のために生きなければいけないよ」と毎日ささやいたのです。

子どもはすくすく育ち、親から耳にタコができるほど神の栄光のために生きなさいと言われました。ところが、幸せだった家庭に不幸が訪れました。ある日、突然、運転していた車が雨で濡れた道でスリップし、夫婦が死んでしまったのです。幸い、子どもは生き残りましたが、一瞬にして孤児になりました。この世で一番幸せな子どもから、一番不幸な子どもになってしまいました。しかしその子は、自分のアイデンティティを失いませんでした。親を失った悲しみは大きくても、神は自分を選ばれた、だから神の栄光のために生きるのだと決心しました。

その子は困難な環境で育ちましたが、だれよりも立派でした。施設にいる多くの子どもたちが倫理的、道徳的に道を踏み外すときも付和雷同せず、日常用語のように使う低俗な言葉も口にしませんでした。それによっていじめられ、暴力を振るわれても忍耐し、信仰を守りました。その結果、その子は良い宣教師に出会って外国に留学し、神に栄光をささげるとは、自分と同じような子どもを信仰にあって顧みることだと考えて、孤児のための財団を作りました。財団を通して青年は孤児たちの良い父親となり、神の栄光を思い切り現す人生を生きるようになりました。青年の人生は孤児たちの鑑《かがみ》となり、子どもたちの多くがその道を引き継ぐと言って献身を約束しました。

神が選んだ人は、区別された人生を生きるようにと選ばれています。すでに区別された人として選択されたということは、私たちのアイデンティティが確実に定まっているということであり、それに伴う義務も与えられますが、特権も与えられています。ですから、クリスチャンとして区別された人生を歩むことに自負心を持つ必要があります。

神は私たちが諦めることのないように、私たちを回復してくださいます。忍耐をもって、絶えず訓練しなければなりません。チャレンジを恐れず、失敗に驚く必要もありません。周囲の環境という罠にかからず、神の子としてのアイデンティティを回復すればいいのです。

06 苦難はなぜ私にだけ起こるのか

苦難の象徴、ヨブ

聖書の中で最も大きな苦難を経験した人物と言えば、ヨブを挙げることができます。もちろん、多くの人々が神から選ばれるまでに、苦しみを経て回復されるということをくり返しましたが、その中でもヨブは断然、苦難克服の代名詞と呼ぶにふさわしいでしょう。

彼は東方の義人と呼ばれるほど偉大な人物でした。多くの子どもたちと豊かな財産を所有し、その地域に大きな影響力を及ぼしていたヨブは、神に対しても潔白な者として信仰を守っていました。ところが、ある日突然、彼を苦難が襲いました。その苦難はだれも予想できず、経験したこともないひどいものでした。豊かな財産を一度に失い、愛する子どもたちが死に、妻の心が離れ、健康が損なわれ、非難されて影響力を失ったのです。

この五重の苦難が一度に襲い掛かったとき、ヨブはどんな心情だったでしょうか。特に過ちも犯さず、神によく仕えて生きていたのに、あっという間に資産が取り去られ、家族を失う悲しみは、何にも比べられないものだったでしょう。そればかりか、それでも足りないと思ったサタンは、妻から非難されるという痛みまで味わわせます。全身がかゆくて、死ぬほどの身体的苦痛を感じたときは、悲惨だったでしょう。賢い友人たちから理路整然と非難されたとき、ヨブは落胆しました。

ヨブ記を読むと、ヨブの苦難があまりにも徹底されているので、目をそらしたくなります。自分にこのような苦難が起こったらどうか、考えるのも嫌になるほどです。ところが神は、ご自身が潔白だと称賛するヨブを推して、サタンが彼を試みることを許されました。彼が本当に神を愛しているのか、条件付きの愛ではないか、そう問うサタンとの論争の末に、サタンが試みることを許されたのです。それによって始まった苦難ですから、ヨブの苦難は、考えようによっては、不当に思えるかもしれません。

しかしヨブは、その苦難に対して落胆し、恨みもしましたが、結局、苦難に耐えました。全身がかゆくて土器のかけらでガリガリ掻く苦しみの中をさまよい、持っているものをすべて失って廃人のようになりましたが、彼は友人たちとの論争の中でも神の答えを待ちました。

結局、ヨブは自分を襲ったとてつもない苦難の時間を知恵深く耐えぬき、謙遜という枠を築いて、ほかのものに依り頼んでいないか信仰を振り返り、正しく神の前に出て行きます。「私はあなたのことを耳で聞いていました。しかし今、私の目があなたを見ました。それで、私は自分を蔑み、悔いています。ちりと灰の中で」（ヨブ42・5-6）、「しかし神は、私の行く道を知っておられる。私は試されると、金のようになって出て来る」（ヨブ23・10）と告白する謙遜な信仰へ、もう一度鍛錬されなければならなかったのです。

ヨブの苦難は、彼が大きな過ちを犯したからではありませんでした。それは当惑するような出来事であり、「いったいなぜこのような苦難がヨブに起こったのか。だれの過ちか。だれの問題か」と、聖書はヨブ記を通して問い続けています。しかし、ヨブは五重の苦難を一度に受けながらも、苦難に捕らえられませんでした。

神が、苦難に遭ったヨブに二倍の祝福を与え、義人として立てたのは、彼が、理由もなく襲った苦難を恨みはしても、苦難に振り回されなかったからです。その代わり、苦難の中で、友人たちや妻との論争の末に、なぜこの苦難が自分に起こったのか、絶えず自分を省み、神に問い、その答えを待ちました。その姿を神は願われたのです。

今日、ヨブが苦難の象徴であり、祝福の象徴になったのは、私たちの生活に絶えず接近し、挑戦してくる苦難に対処するべき姿勢を教えるためです。そして、確かなことは、神に属する人々に起こる苦難は、苦難のための苦難ではなく、恵みの食卓の前哨戦だという事実です。

Why me?

「先生、どうして私にだけ苦難が起こるのか、わかりません」

信徒たちから実によく聞く嘆きです。そう考えると、苦難のない人生はないようです。フランスの文学者ロマン・ロランも、「生き、苦しみ、戦うことだ」と語ります。昔の言葉にもこうあります。門の外からは幸せに見えるが、いざ門を入ると問題のない家はない、と。うわべは良くても、ほんの少し覗くだけでも、だれにでもつらくて困難な苦しみの跡があります。

ある教会の女性が六人の子どもを育てましたが、こんなことを言っていました。子どもを育てながら、ひと時も心が休まる時がなかったと。一人を寝かせようとするとほかの子が問題を起こし、そのうちに三人目が入って来て、家の心配、健康の心配、食べていく心配など、いつも問題の中で暮らしているうちに、いつの間にか六十を超えていたと。

一つのことが大丈夫になっても、また別のことで苦労し、もう大丈夫かと思っていると考えてもいなかったことが苦難をもたらす。苦難の種類は実に多様で、家族の関係から職場の問題、健康の問題、霊的な問題に至るまで、数知れない苦難が襲ってきますが、最も大きな問題は、なぜそのような問題が自分にだけ起こるのか、悩むようになることです。

「Ｗｈｙ　ｍｅ?」苦難が起こったとき、真っ先にする質問が「なぜ私がこんな目に?」ということです。しかし、自分にだけ起こるのではなく、だれにでも起こる苦難です。苦難を免れる人生はありません。ただ、人は他人の痛みについて百パーセント共感することは難しいため、自分の痛みが最高の痛みに感じられるだけです。ですから、自分の苦難が最高の悲しみであり、最高の問題だと考えるのです。

神を信じる人々にとって、苦難はさらに曖昧なものとして近づいてきます。神は確かに私を愛し、祝福したいと願っておられるのに、なぜ苦難という恐ろしいものを与えるのか、理解できないこともあります。先に述べたヨブも神が特別に愛した人でしたが、理由もなく――神には明らかな理由がありましたが――苦痛を与えたということが理解できません。また、苦難のつらい時間を過ごし、この苦難がどこから来たのか、なぜ来るのか、理解できずに苦しみます。

そのような疑問が浮かぶたびに、胸を締めつける考えは一つです。「私の罪のせいだろうか?」この苦難は自分の罪のせいではないかと考えながら、罪責感に苦しめられます。同時に、自分の罪を徐々に具体的に掘り返していきます。

「礼拝を休まなければ、このような苦難はなかったのに……」

「あのとき、ディボーションをちゃんとやらなかったから罰を受けたんだ」

「親があんなふうに神様に逆らわず、もっと誠実に仕えていたら、私にこんなことは起こらなかったはずなのに……」

このように、苦難が起こったときに受け止められない理由は、苦難の出所を罪性に見出すからです。誓願したことや、約束したことを守らなかったから神の怒りを買い、それがそのまま苦痛として返って来たという、苦難のプロセスを自分で組み立ててしまうのです。

もちろん、罪の実があるのは事実です。罪を犯せば、その罪の中にある罪の結果が現れるのは事実です。しかし、私たちが罪について一番大きく誤解している部分があります。聖書は、それがすべてではないと言っているのです。私たちの失敗が、時には私たちの苦しみと痛みが、決して神ののろいや懲らしめではないことを語っています。

私たちがやりがちな失敗があります。それは、ほかの人々の苦痛や苦難について、すぐに罪に言及することです。突然事故に遭った人を気の毒がりながらも、心の中では、あるいは面と向かって「何か間違ったことをしたから、神様の罰がくだったんじゃないか」と考えます。子育てに大変な思いをしている家庭を訪問しては、慰めるなどと言って「神が祈りなさいと言っているんですよ。これまで祈りをおろそかにしていたんじゃないですか。悔い改めましょう」と必ず一言言ってから帰ります。

よく、成功は神の祝福だ、と言います。事がうまくいったときは神の祝福でそうなったと神に栄光を帰します。神は一番良いものを与えることを願っていると信じているので、成功の実を祝福と関連付けるのです。だからと言って反対の場合が、神の罰なのではありません。

使徒パウロには肉のとげ、おそらく病がありました。彼は神の働きを担うために、肉のとげを取り除いてくださいと祈りました。しかし、とげは取り除かれませんでした。彼が回心した後、福音の証し人となって宣教の働きをするにあたり、何度も襲った肉体的苦難は、彼の心を弱くしたかもしれません。

「神様、なぜ私ですか。ああ、……私が昔、イエスさまを信じる人々をあんなに迫害したから、神がそれを全部覚えておられて、私をつらい目に遭わせるのですね。あのとき、ステパノが殉教した場所にいるんじゃなかった……」

おそらくこのように嘆いたのではないでしょうか。パウロのこのような態度について神はどう言われたでしょうか。パウロが犯した過去の過ちなど、全く覚えておられませんでした。ただ、肉の苦難を通して何を語ろうとしているのか、このように答えられました。

「わたしの恵みはあなたに十分だ。あなたが弱いとき、私は強い」（Ⅱコリント12・9-10参照）肉のとげが、罪の代価や懲らしめや罰ではなく、神の恵みだという事実を説明しています。

私たちのほとんどは、苦難が起こると、なぜ自分にだけ苦難が起こるのかと落胆し、苦難がどこから来るのか、その理由を熱心に探します。そして自分を見ます。ほかの人を見ます。同時に自分のせいだと自責の念を抱き、ほかの人のせいだと責任を押し付けます。しかし、苦難の理由を見ている間は答えを見つけることができません。

ヨブは苦難に遭ったとき、神に何度も質問しました。彼の妻も、神をのろいなさいと言いました。友人たちもヨブに過ちがあるはずだと、その理由を悟るようにと勧めました。ヨブは絶えず「だれの問題ですか」と質問しましたが、神はその理由について一度も答えませんでした。

どうしてでしょうか。神の重要な関心は、苦難の理由にあるのではなく、苦難の中に、神がどのように働かれるかを悟らせることにあるからです。

聖書を見ると、信仰が良い人も苦難の中にあります。義人だからといって苦難を免除される人はいません。ただ、彼らは苦難の理由に執着せず、神が苦難の中で働かれることを体験することで、信仰をさらに完全にしていきます。

ですから、問題が起こるとき、苦難が訪れるとき、自分が苦難をどのような姿勢で迎えているかを省みる必要があります。結局、神は苦難を通して語ろうとしておられます。

苦しみにあったことは、私にとって幸せでした　それにより　私はあなたのおきてを学びました。（詩篇119・71）

苦難に対する神の約束

ある有名な女流作家の話です。この方は激しい苦難を受けましたが、自分の息子を失ったとき、神に祈りました。

「神様、ただ一言だけ語ってください。そうすれば私は慰められます」

ところが神は、彼女に一言も語られませんでした。

私たちは激しい苦難の中にあるとき、神を求めて叫びます。夢にでも現れて慰めてくだされば力が出るのに、あるいは、かすかな声でも聞かせて解決してあげると言ってくだされば、耐え抜くことができるのに、神はほとんど現れることはありません。ヨブが深い苦しみの中にあるときも、神はほぼ最後になってから現れて語られました。

ですから私たちは苦難の中で、神はどこにいるのかと尋ねます。まるで神がおられないかのような寂しさのゆえに、もっと苦しみます。しかし、神はいつも変わらずに私たちのそばにおられます。苦痛と苦難の中にいるときもそばにおられます。何も語っておられなくても、神が苦しんでいる私たちとともにいることを、聖書は四つの姿で説明しています。

第一に、神は私たちの苦しみをご存じです。自分の苦難がつらい理由は、なぜか苦難を自分一人で味わっているような寂しさのゆえです。しかし、ただお一人、神はだれもわかってくれない苦しみを知っておられるという事実です。

イスラエルの民がエジプトで奴隷となって苦しんでいるとき、神は出エジプトを命じ、このように言われました。

主は言われた。「わたしは、エジプトにいるわたしの民の苦しみを確かに見、追い立てる者たちの前での彼らの叫びを聞いた。わたしは彼らの痛みを確かに知っている」（出エジプト3・7）

民の悩みを確かに見て、知っていると言われました。神はすべての涙を目からぬぐってくださり、二度と悲しんだり泣いたりすることのないようにすると約束されました。

神は私たちが心細いままでいることを願ってはおられません。悩みを知り、涙をぬぐうと言われ、苦痛に胸を痛め、ともに負っていくことを願っておられます。

だれでも幼い頃のつらい経験があります。高熱を出したり、足を踏み外して手や足を骨折したりという気の毒な経験をしたこともあるでしょう。その痛みで苦しむ枕元で、一番苦しんでいるのは親です。「どうせなら私が代わってあげたい」と、苦しみを代わりに背負うことを願う親の愛を経験したことがあるでしょう。

神もまた同じ思いです。この苦難、この苦しみを知って涙をぬぐい、慰め、ともにおられます。神が自分の苦しみをすでによく知っておられるということを忘れないなら、私たちはもう心細くありません。

第二に、神は苦難の中でともにおられます。苦難に遭うとき、神は苦難を避けさせるとは言われません。ただ、あなたとともにいると言われます。神が預言者イザヤを立てたときも、彼にこのような約束をなさいました。

あなたが水の中を過ぎるときも、わたしは、あなたとともにいる。川を渡るときも、あなたは押し流されず、火の中を歩いても、あなたは焼かれず、炎はあなたに燃えつかない。

（イザヤ43・2）

神は私たちを放っておかれず、私たちとともにいると言われます。水の中、火の中を通り過ぎるとき、人を苦しめる水や火を消し去るとは約束されませんでした。むしろ、より強く語られたのは、あなたが火の中、水の中を通るときにもともにいるということです。

この約束のほうがはるかに大きな力になります。賛美歌の中にもそのような歌詞があります。「さかまく大波を越え　主とともにはばたく」（「静まって知れ」〔Still〕スリヤ佐野一夫・ヨハンナ雪恵訳）。神は逆巻く大波の中を通る私たちを、波から救い出すのではなく、私たちを抱いて波に乗って航海されます。苦しみを避ける弱い者にするのではなく、苦しみを経験しても決してさびしかったり無気力なままに放っておいたりしないという意志です。

だいぶ前にロサンゼルスに住んでいたときのことです。大地震が起こりました。初めて地震を経験した私は、自然災害がどれほど恐ろしいか、その時初めて知りました。マグニチュード六・七、八にもなる地震で、地面とすべてのものが揺れるのが恐ろしく、妻と一緒に家にいましたが、驚いて避難しました。寝る時の恰好のまま外に出たのですが、外もすべてが揺れていたので、外に出たことは役に立ちませんでした。

すべてが揺れることがどれほど恐ろしいか、初めて経験したのですが、もっと怖かったのは余震に対する恐怖でした。「いつまた地震が起こるかわからない。また揺れているのではないか」間欠的に起こる余震は、人を恐怖に陥れます。ほかの災害は予測可能ですが、地震は予測することができません。

このときロサンゼルスの韓国人教会で行われた早天祈禱会の出席人数は、最高に多かったそうです。地が揺れるたびに多くの人々が教会に来るので、ある牧師は「主よ、毎週ちょっとだけ揺らしてください」と祈ったといいます。

私たちの人生は揺れる人生です。いつ大地震のようなことが起こるかわかりません。しかし、神は、その揺れる人生の中でもともにおられます。水の中、火の中を過ぎるときもともにいると約束されたので、私たちは恐れる必要がありません。

第三に、神は苦難の中で助けをくださいます。ある女性の信徒が二人目の子を出産しました。それまでの環境も平坦で、結婚して二人目を生むまで一度も困難なく生きてきたので、彼女が信じる神は祝福の神でした。ところが、二人目の子が生まれた時、信仰が壊れました。生まれた時から泣き声がおかしかった赤ちゃんは、心臓に問題がありました。先天性心臓病で、心臓の穴がちゃんと閉じないまま生まれた赤ちゃんは、息をするのも苦しそうだったのです。

考えてもいなかった苦難に、家族は皆戸惑いました。自分にはこんな苦難はないだろうと漠然と考えていたからでしょうか。彼女は、子どもの苦しみも痛みでしたが、なぜ自分にこんな状況が起こったのかが理解できませんでした。子どもの状態は良くありませんでした。もう少し苦しむようなら、緊急手術で心臓の穴をふさがなければならないという医師の言葉に、産後の養生もまともにできないまま、泣いて日々を過ごしました。

そんなある日、突然、神は彼女にコリント人への手紙第一10章13節のみことばを思い出させました。子どもを産むまで放送作家として活動していた彼女は、担当番組でゴスペルソングをよく聞いていましたが、ある歌手がみことばに曲をつけた賛美がかすかに思い浮かんだのです。

あなたがたが経験した試練はみな、人の知らないものではありません。神は真実な方です。あなたがたを耐えられない試練にあわせることはなさいません。むしろ、耐えられるように、試練とともに脱出の道も備えていてくださいます。（Ⅰコリント10・13）

このみことばが胸に深く刺さり、彼女は苦しみの中で祈りました。必ず脱出の道を与えてくださるという信仰が生じました。すると驚くことに、子どもの乳を吸う力が少しずつ出てきて、体重も増えてきました。医師が言うには、心臓に開いた穴はかなり大きくてふさぐことはまず不可能でしたが、少しずつふさがっていっているということでした。その後、子どもは好転し、神の助けを信じて祈った結果、健康に育ちました。苦難の中で神の助けが臨んだのです。

神が与える苦難は、私たちが耐えられるものです。私たちが耐えられるように、その過程を通して神の前でもっと成熟した道を歩めるように助けると言っておられます。ですから、苦難が訪れるとき、必ず背後で助けてくださる神を信じて依り頼まなければなりません。私たちにはそれが見えないこともあります。しかし、苦難の過程の中で信仰を握りしめる理由は、神がすべての過程においてともにおられ、悩みを知り、助けてくださると語っておられるからです。

神の助けは、時に、全く知らない人から来ることもあり、周囲の人を通して、環境を通して開かれることもあります。その御手を待ち望めばいいのです。

第四に、神は結局、苦難を祝福とされます。ヨブの最終的な結末は神が以前の二倍の祝福を与えることです。もちろん、ヨブが自分に訪れた苦難に対して知恵深く、恨まずに耐え抜いたから受けることのできた祝福です。

今の時代、最高の霊性家と言われるヘンリ・ナウエンはこう言っています。

「自ら苦しみを切り離そうと努力することは、神がわたしたちのために負ってくださった苦しみから、自分を切り離すことになります。喪失の苦しみや心の痛みから脱出する道は、その中を歩み、そこを通り抜けることなのです」(『嘆きは踊りに変わる』小渕春夫訳、あめんどう、二〇〇六年、二十六頁）。彼は続いて、悲しみのくり返しの中に神の恵みを見出すことができると言い、嘆きを踊りに変える神をあがめました。

「踊り始めると、自分の悲嘆という小さな場所《スポット》に留まる必要は少しもなく、外に向かってステップを踏み出すことができることに気づきます。人生の中心を自分自身に置くことを止め、他の人を自分のもとに誘い出して、より大きなダンスの輪に招き入れます。他の人たちのために場所を設けることを学ぶのです。――恵み深いお方を中心にして」（三十六頁）

ダビデもまた、自分の嘆きが踊りになり、荒布を脱がせて喜びを着せてくださったと告白し、苦難を祝福に変える神を賛美しました。今は苦しみの中にいて、悲しんでいるとしても、結局は、神が私と踊ってくださいます。

苦難は、贈り物であり、恵みです。神は私たちを大きな患難に陥れるために、ひどい困窮の中に陥れるために苦難を与えるのではありません。ただ、私たちが持つべき姿勢は、苦難を通して約束された神のみことばを知ることです。

道の終わりに出会う恵み

脳性麻痺で生まれ、天の詩人という名を持つソン・ミョンヒさんがいます。彼女は脳性麻痺の中でも重度で、話すことのできない苦痛の中で日々を過ごしました。しかし、神に出会ってからは新しい人生に変えられ、文字を通して世と疎通しています。

彼女はイエスを苦難の師と呼びます。苦難の師という言葉は皮肉に聞こえますが、この言葉には、苦難について学ぶことのできる方は主であるという意味が込められています。彼女は詩を通して「苦難は増え、肉体は苦しんでも、心は平安で感謝だった」と伝えています。

苦難は、後に私たちに現れる栄光と比較することができません。多くの人々が苦難に遭うとき、「いったい苦難の終わりはどこにあるのか。終わりは来るのだろうか」と苦しみます。しかし、苦難を与える神の意味を考え、苦難とともにおられる見えない御手を信じて依り頼むなら、必ずその終わりには恵みが待っています。

苦難に向き合う私たちに苦難という宿題が一生ついて回る人生においては、苦難という課題に向き合う儀式が必要です。旧約時代、神の前に出るときに儀式を重要視していたように、苦難に向き合う儀式（Ritual）は苦難に向き合う姿勢を変えるからです。苦難が訪れるとき、「Ｗｈｙｍｅ?」と問い返すのではなく、「ああ、神様が私の苦しみを知ってともにおられ、助けるために動いておられる。苦難にあずかろう」という意識を備えることが必要です。

今日、聖書は苦難の理由（Reason）を重要視するのではなく、苦難に対する反応（Response）が重要だということを教えてくれています。そうすれば、苦しみにあったことは私にとって幸せだと歌うことができる恵みを神がくださるからです。

07 私に与えられたビジョンは何か

ビジョンがありません！

就職活動をする学生に人気の就職難関企業があります。ある青年がそれらの企業で働きたいとあちこち受け、ついに就職が決まりました。苦労して入った職場で彼は熱心に働きました。

「この職場は、私がビジョンを広げる場所になるはずだ」

しかし、実際に青年が経験した社会生活の現実は、あまりにも違いました。入社するなり、何か偉大なことでもするような思いで仕事に取り組もうとしましたが、任される仕事は単純作業ばかりでした。その上、先に入社した先輩や上司の亀裂による気苦労は並大抵のものではありませんでした。思い描いていたものとあまりにも違う職場環境に青年の心は疲れ果て、徐々に失望し始めました。社会人生活は思ったよりも大変でした。

「そうだ。ここにはビジョンがなさすぎる。ビジョンのある所に行こう」

青年は果敢にも辞表を出し、また別の会社に入社しました。新しく入社した会社で、青年は再び新世界を求めましたが、世間は甘くありませんでした。再び困難に陥り、前の会社で感じたのと同じ思いになりました。

「ここも違うのか。この会社もビジョンがないようだ。また転職するか？」

このように青年はビジョンのある（？）会社を求めて何年もバッタのように飛び歩きました。ビジョンがあると思える、人が羨ましがるような職場に行きたかったのですが、結局、自分の能力にふさわしいと思える職場を見つけることができませんでした。

また別の女性の話です。この女性は、ちょうど勤めていた職場を辞めることになりました。普段、良い信仰だと噂されていたその女性は、残念なことに、少し前に長く付き合っていた彼と別れたばかりだったので、傷ついた心で神に祈ってすがりました。

そんなある日、出席した礼拝で、中東アジア地域に派遣されている宣教師が宣教報告をしました。自由に福音を伝えられない国で、福音のためだけに献身し、現地の人とともに生きている宣教師の話を聞いて、彼女は熱く感動しました。

「そうだわ、これだわ。私が今置かれている状況を考えると、神様が願っているのは宣教に献身することかもしれない。このように宣教師に出会わせてくださったのも、職場を辞めることになったことも……」

その時から彼女は、自分のビジョンが宣教にあると宣言して回りました。人々は彼女のビジョンに拍手を送り、励まして祈ってくれました。その後、宣教師としての訓練を受け始めました。初めは、胸を熱くしていた宣教への情熱によって準備が進んでいるように見えましたが、いくらも経たないうちに、健康上の問題で宣教師訓練を中断することになりました。

ビジョン（Vision）と言うと、夢や望みといったイメージが浮かびます。Boys! Be ambitious. すなわち「少年よ、大志を抱け」というフレーズを耳にタコができるほど聞いたため、野望がすなわち夢、夢がすなわちビジョンだと考えます。

しかし同時に、夢よりも、望みよりも、ビジョンという言葉のほうが一段階水準の高く、格が上だと思えるようで、実際に多くの人々がビジョンという言葉を使います。「ビジョンを持ちなさい」「ビジョンのある人生を生きよう」といって励ましたり、何か「がんばれ、がんばれ」という雰囲気を出したり、ただ意志を盛り立てるためにビジョンという言葉を使うことが多いのです。

このように、ビジョンの正確な意味をよく知らないケースがほとんどです。実際、多くの人々がビジョンを追求し、ビジョンのある人生を生きようとしています。ところが、問題はビジョンをほかのものと錯覚するあまり、誤った道を行くことです。神は私たちに確かにビジョンをくださいます。ただ、そのビジョンが何であるかを探す前に、ビジョンを通して何をなそうとしているのかを考えなければなりません。それが先行しなくては、自分でビジョンだと信じているものがビジョンではない可能性が大きいでしょう。

ビジョンが曖昧な理由1（ビジョン＝職業？）

一時期、リンゴ旋風を巻き起こしたアップル社のスティーブ・ジョブズを覚えているでしょう。彼はすでに世を去りましたが、世間はまだ彼の足跡を話題にします。彼が全世界にリンゴをプレゼントしたからでしょうか。そうではありません。スティーブ・ジョブズという人物は心の中に確かなビジョンを持った人でした。彼を知る人々は、彼がガレージでアップル社を始めたころ、一言で言えば無一文で始めたときからビジョンを抱いて生きる人だったと口をそろえます。何も持っていませんでしたが、家庭や会社にコンピュータを売って、世界を変えるのだというビジョンに、投資者は財布の口を開きました。また、会社に不可欠な人材を迎え入れるときも、これからコンピュータの運営体系がどのように変わるかを正確に予測すると同時に、作り出す未来を提示して彼らの心をとらえました。

ペプシ・コーラのマーケティングを成功させたジョン・スカリーという人物を連れて来たときも、最後まで提案を拒絶していた彼に、ビジョンを提示する強い言葉で迫りました。

「このまま一生砂糖水を売り続けたいのか、それとも私と一緒に世界を変えたいのか？」

結局、スティーブ・ジョブズは、世界を変えるチャンスを一緒に作ろうというビジョンを提示して、人々とともにアップルを成長させました。

彼が考えたビジョンはコンピュータ会社を作るという直行的な次元ではありませんでした。このことを通して未来を描き、描いた未来を通して、便利でスマートな世界に変えるという考えでした。


多くの人々がビジョンについて曖昧な一番の理由は、ビジョンと職業を同一視するからです。子どもたちに「夢は何?」と聞くと、十人中九人は「教師」「大統領」「女性大統領」のような答えをします。自分がすること、勤める職場が、すなわち夢だと信じているからです。

しかし、ビジョンは職業にとどまるものではありません。もちろん、職業を通してビジョンを成就することもできますが、重要な事実は、職業を通して何をするのかを見出すことがビジョンだということです。ビジョンを定義するならば、心に描かれる絵です。その絵を眺めて十年、二十年後にそれが果たされる想像をし、「そうだ、必ずそのとおりになる。これが私が求める姿だ」と言える絵です。ところが、先に述べた青年には、社会人生活において描かれる絵がありませんでした。十年後も同じことをしている自分を描いたため、ビジョンを求めてさまようことになりました。

絵は神がくださるものです。言い換えると、職業を通して絵を描かせる方は神です。

聖書でビジョンと最も関連の強い人を挙げるなら、アブラハムです。平凡な族長だったアブラハムに神が現れ、ビジョンを植えてくださいました。神はアブラハムを外に連れ出し、空の星を見せました。

それから、数多くの星のように子孫が増えるだろう、と語りました。彼はみことばを聞いてその様子を描き始めました。おそらく、彼は心の中に実際に絵を描いて想像したでしょう。「そうだ、神が私に下さった絵だ」と確信したはずです。おそらく毎夜、外で空の星を見上げ、その絵を心の中に収めたことでしょう。何度も祈り、黙想し、勇気を得たことでしょう。その後、アブラハムは長い歳月待たなければなりませんでしたが、未来の絵がはっきりしていたので、最後まで神のビジョンを抱くことができました。ビジョンはこのようなものです。

ある人々は反問します。リスが回し車を回すように忙しくくり返される日常の中で、ビジョンはぜいたくだと。しかし、順序が違います。ビジョンがなく、見つけられないために回し車を回すような日常を生きているのではないでしょうか。心に描かれる絵がないから、日常が退屈に思われ、ただ生きることが最も大きな課題だと考えやすくなるのではないでしょうか。また、教会の中にいることがビジョンだと考えることも多いでしょう。教会の働きを助け、奉仕をし、宣教や伝道をすることが神の御心であり、自分に与えられたビジョンだと考えます。しかし、これらすべての場合において、神の働きをしているように思えても、ビジョンではないこともあります。

ビジョンは神の方向であり、御心です。私たちに対する目的であり計画です。では、すべての人がビジョンを描いているでしょうか。もちろん、神はすべての人にビジョンを与えますが、それぞれに与えるビジョンは違います。神は各自の人生の中で異なるビジョンが描かれることを願われます。そのビジョンとは、自分に与えられた職業ではなく、神がくださるものを通して、自分がいる場所を通して、生活の現場を通して神が成し遂げることを願っておられるものです。

人々が羨ましがる職場に通っているからといってビジョンが描かれるのでもありません。人々の視線、世の耳目とは違い、神がくださるビジョンはその人の環境の中で現そうとしている御心であり、計画なので、この世的な物差しで比べる必要は全くありません。

今、あなたの心の中に描かれる絵がありますか。確かに、幼い時は夢があり、自信をもって夢を語ることができたのに、描かれる未来の絵がないなら、もう一度探さなければなりません。神は十年後、二十年後の姿を見ておられ、もう少し良い道、もう少し良い職場、もう少し良い月給など、この世的な基準までも明け渡すことができるビジョンを必ずくださいます。そのビジョンを発見するために、祈らなければなりません。そうするとき、心に描かれる絵が未来に向かって進ませてくれるでしょう。

ビジョンが曖昧な理由2（ビジョン＝野望？）

「Boys! Be ambitious.（少年よ、大志を抱け）」

少し前までの英語教育を受けた人々なら、一度くらい覚えたことがあるでしょう。このことばを口にしていた人々は、英語の文章がどんな構造で成り立っているかを知ると同時に、野望というものがどれほど威力があるか、何となく植えつけられたでしょう。個人的にこの言葉が何を言っているのかわからないわけではないことをはっきり言っておきます。この言葉を言った人物が、どんな意味で言ったのか十分に知っているので、どうしても必要な言葉だったことにも共感します。

ただ、ビジョンを語るとき、その基準が曖昧である理由の一つが、ビジョンと野望を思い違いすることです。ビジョンと野望の中で混沌としていることがあります。第一に、神が下さったビジョンなのに、なぜか自分の利だけを図る野望のようで、罪責感を感じるときがあります。第二に、自分の野望なのに、神のビジョンだと語ることもあります。ですから二つの間に明確な基準が必要です。

ビジョンと野望を区別できる方は神であり、その次は自分自身です。もちろん、自分自身もよくわからないと答える人々が多いでしょうが、ビジョンと野望を区別するには「心の動機」

をよく見極めると、ある程度わかります。

動機を見極めるためには、自分に問わなければなりません。これは果たしてだれのためか。どこから来た思いか。この質問は自分を顧みさせ、動機を区別することを助けてくれます。ときに私たちは、神のみことばの前に喜んで行こうとしますが、結局、自分の満足のためになってしまうことがあります。また、本当に神の働きをするとき祝福されますが、その祝福が野望のように感じられるときもあります。たとえば、高校生の時からずっと日曜学校の教師をしてきた人が、同じく公務員試験の勉強をしていた人よりもはるかに早く合格し、やることなすことすべてうまくいくという祝福を受けました。周囲からは、やっぱり神様の働きに忠実なので祝福を受けたと言われますが、本人は、もしかしたらその祝福に対する野望のために奉仕していたのではないかと心配になったりもします。

このとき私たちは神との関係において、果たしてその動機がだれのためか、問わなければなりません。神が私を通して何をなさりたいのか、考えなければなりません。そうするとき、ビジョンと野望を区別する最も重要な手がかりであるビジョンの出所を発見することができます。

自分がビジョンだと考えているものは、どこから出て来たのか。まず、過去から来ることがあります。ある人は、過去の成功、経験を通してビジョンを定めます。過去に自分を豊かに導いた経験を振り返り、「そうだ、結局、この仕事が一番合っている。一番うまくできるはずだ。

もう少しアップグレードすればうまくいくだろうから、そのビジョンを持とう」と決めることがあります。これは結局、自分のための野望です。

また、現在の必要から来る動機をビジョンと錯覚することもあります。現在、何が一番必要かを考えると、アイデアが浮かぶものです。このような直観と先見の明がビジョンと錯覚されるのです。先に述べた女性のように、突然職場も失い、交際相手とも別れた状況では、最も必要なのはすべてを忘れることができる環境だったのかもしれません。そのうえ、その時に宣教師に出会ったから宣教にビジョンを定めたというのも、間違った方向性です。

私たちの必要や、私たちの願い、過去の成功や現在の問題からビジョンが始まったからといって、神がくださるビジョンであるとは限りません。神のビジョンは約束のみことばから始まります。また、神がくださるビジョンは、未来から始まる未来に対するビジョンです。未来に対する神の約束から、未来に対するビジョンが始まるということです。必ず神の約束があり、その約束を通して、自分を通して神が願うことをするようにされます。

時々、子どもを持つ母親が頼みに来ます。「うちの子にビジョンを植えていただきたいんです、先生。ビジョンを与えてやってください」このときほど困ることはありません。ビジョンは植えるものではなく、神がくださるものです。ビジョンは受け取るものなので、私たちがするべきことは、どうやって受け取るかに意識を向けることです。また、ビジョンを受け取って、自分を通して神がしたいと願っておられることをすればいいのです。

私たちはよく自分の願いを、神の御名を振りかざして、神の働きをするかのようにビジョンだと言うことがあります。しかし、果たしてそのビジョンを神から聞いたのか、そのビジョンを神が語ったのか、近づいてみなければ御心を知ることはできません。神と距離を置いたまま約束のみことばを聞くなら、当然、コミュニケーションの問題が生じます。

アブラハムもまた、ビジョンを受け取るとき問題がありました。アブラハムは子孫が増えるという約束を受けました。このとき、アブラハムの心には別の思いが生じ、神が自分に種をくださらなかったから、自分の家で育てた者が相続者になるでしょうと答えました。神の計画は星々のように多くの子孫を与えるということだったのに、そのビジョンに自分の考えを差し挟んだのです。すると神は、はっきりと語られます。アブラハムの家で育てた者ではなく、アブラハムから出る子が相続者となると。このように、ビジョンはみことばの中にあり、みことばを通して約束をされ、その約束は神の栄光のためのものであることを悟る過程で、確実に野望と区別することができます。

ところで、時折、自分が置かれた状況の中に、神が約束されたビジョンがあるにもかかわらず、そのビジョンをつかめないケースを目にします。

あるとき、職場礼拝を訪問しました。訪問のたびに、最後に祈りの課題を聞くのですが、その日も同じでした。事業を新しく始め、夢見ていることがあるはずなのに、その教会役員は「会社を通してたくさん伝道できるようにしてください」という祈りの課題を出しました。

もちろん、そう話す彼の信仰には拍手を送りました。しかし、一方でこんな考えも浮かびました。会社を新しく始めた方ならば、事業がうまくいくことが、一番切迫した問題ではないだろうか。事業を通して、物質的な必要とともに、有益を及ぼす会社を運営したいのではないか。おそらく、牧師が祈りの課題を尋ねたので、牧師が喜びそうなことを話したのではないか、と思えました。

そのような姿を見ると、残念な思いになります。神がくださるビジョンというと、教会の働きや宣教や牧会の働きを考えることがよくあります。しかし、ビジョンは神から来る未来の絵であり、各個人が置かれた状況に合わせて与えられます。神は個人の事情によってビジョンを与えることを願っておられます。それを期待し、祈り、口ではっきりと宣言しなければなりません。事業を新しく始めた人には、会社を通して神がくださるビジョンがあり、司法試験に合格した人には、その道の中で神がくださるビジョンがあります。はっきりした約束のみことばを握りしめ、絵を描いて進まなければなりません。その絵を描くたびに心が熱くなるなら、神がくださったビジョンであることは確かです。その約束のみことば、約束の御声に、耳を傾ければいいのです。

ビジョンが曖昧な理由3（ビジョン＝夢？）

ビジョンと一番似ている単語を挙げるなら、夢でしょう。私たちは夢という単語が好きです。夢を持てと言い、夢を見よとも言います。ところで、夢とビジョンは同じものでしょうか。似ているようですが、この二つの間には違いがあります。

まず、夢とビジョンが持つ共通点は、自分の心に描かれることを本当に願うという点です。しかし、夢があるドリーマー（Dreamer）は、ビジョンを抱くビジョナリー（Visionary）に比べて情熱がありません。情熱とは、あることを考えるだけで熱くなり、夢中になって駆け回る心のことではありません。夢について夢中で声高に語ることでもありません。夢に向かって労苦し、努力し、犠牲を払い、代価を払うことのできる心が情熱なのです。

情熱と解釈される英語Passionの原語の意味を調べると、「パシオ」という語から派生したことがわかります。パシオという単語は、もともと痛みという意味を持っています。ですから受難週をパッションウィーク（Passion Week）というのです。

このように情熱と痛みが同じ単語である理由は何でしょうか。おそらく、情熱には痛みを伴い、その痛みには、揺るがない熱さと切実さがあるからではないかと思います。

そうです。情熱には痛みが伴うことがあります。痛みは苦痛を意味します。言い換えれば、神が下さったビジョンには、日々胸を膨らませる希望だけがあるのではなく、ビジョンのために諦めなければならないことや、犠牲を払うこと、障害物を乗り越えなければならない苦痛もあります。その情熱はどこから来るでしょうか。それは、神に対する信仰から来ます。

神がアブラハムを選んでビジョンを与えたとき、アブラハムは自分の考えを差し挟む失敗をしましたが、神は彼が信じるように約束のみことばをくださり、信じるようにされました。「アブラムは主を信じた。それで、それが彼の義と認められた。主は彼に言われた。『わたしは、この地をあなたの所有としてあなたに与えるために、カルデア人のウルからあなたを導き出した主である』」（創世15・6-7）。アブラハムは神が下さったビジョンを抱いて進み、情熱を持つことができました。その情熱には、長い時間待たなければならない忍耐が伴いました。しかし、彼が忍耐できたのは、主なる神に対する信仰のおかげです。ついに約束が果たされ、彼にはとても大きな喜びと祝福がありました。

多くの人々がビジョンを握りしめて進むと言いながらも、すぐに疲れ果ててしまうのを見ます。その理由は、情熱がないからです。ビジョンに向かって神が定める代価を払うことが難しくて諦めてしまいます。少しでもつらいとやめて、変えてしまいます。

ビジョンを受け取りたいなら、まずビジョンを成就する過程において迫ってくることを忍耐し、前に向かって進むことのできる信仰の姿が自分にあるか、よく顧みてください。そのような献身と犠牲、痛みのないビジョンは、ただの夢です。夢想です。浮雲です。

神が私たちにくださるビジョンを握りしめたいなら、必ずビジョンを下さった神に対する信仰が伴わなければなりません。忍耐し、苦痛に勝ち、痛みもあるけれど、それでも変わらずにビジョンの中に立ち続けられる理由は、ビジョンを下さった神に対する信仰と、ビジョンが自分の人生に重要であるという確信と信仰があるからです。

今、夢見ていることはありますか。ビジョンに向かって進んでいますか。心の中にビジョンを下さった神に対する確実な信仰があり、信仰のゆえに最後まで忍耐して進み続けるなら、あなたはビジョンを握りしめたのです。

真のビジョン

ジェレミー・リンという青年がいます。数年前、アメリカ人たちを熱狂させたこの青年は、アメリカが生んだ最高のバスケットボールのスター選手です。そしてまた、その華麗な戦績(?)は彼に対する関心を高めました。彼は高校時代から実績のある選手で、スポーツ奨学金制度を強く希望しましたが、有名大学はアジア系の彼をスカウトしませんでした。そのためハーバード大学で競技を続けたのち、卒業後はいくつかのチームで無名選手としてつらい過程を耐え抜きます。それでも努力し、忍耐し続けた結果、ある試合で出場のチャンスを得、そのときのプレイで一躍バスケットボールのスター選手になったのです。

リンサニティ（Lin ＋〝尋常でない〟という意味のInsanityの造語）と称えられた彼の登場は、アメリカ人たちに新鮮な衝撃を与えました。ですが、人々を驚かせたのは、そのバスケットボールの実力ではありません。ハーバード大学卒のＮＢＡ選手が半世紀ぶりだからでもありません。彼が神が下さったビジョンに向かって、困難でつらい過程を勝ち抜き、忍耐して謙遜に進み続け、それによってとてつもない能力が発揮されたからです。

台湾系アメリカ人のジェレミー・リンを、中国のテレビ局も大きく取材しました。リンはさまざまなインタビューで、自分の信仰についても話します。

そのため、中国のテレビ放送でも、その告白をすべて消すことはできませんでした。

「私はクリスチャンホームに生まれ、クリスチャンです。神の子どもです」

世界各国の実力者だけが立つというＮＢＡで、アジア系のバスケットボール選手が競技できる一番の理由は、ハーバード卒だからでも、その実力ゆえでもありませんでした。彼はバスケットボールの強い大学に行きたかったのですが、アジア人選手がバスケットボール界で認められなかったため仕方なく、勉強してハーバードへ進学したのでした。

彼が用いられたのは、自分が立っている場所から、神が下さったビジョンをもって困難な状況や障害物を乗り越え、忍耐しながら前に進み続けたからです。

今、心を熱くする、神が下さったビジョンがあるでしょうか。いのちを差し出しても惜しくない、そんな姿を思い浮かばせるビジョンはありますか。

真のビジョンは、神に栄光を帰す人生です。自分がいる場所から、自分の野望ではなく神から出るビジョンを求め、それが導く人生をもって栄光を帰すことです。ビジョンを通して自分が存在している意味がささげられるのです。

ですからこのように祈ってください。神がくださるビジョンを感謝をもって受け取り、ビジョンに向かって完全に自分をささげ、感謝し、忍耐して神の栄光に入ることができるように。自分に与えられた環境の中で神の国があがめられることを現し、果敢な勇気をもって苦難も信仰で喜んで忍耐できる心をくださいと。私たちの人生が終わり、主の前に立つその日、振り返れば一点の後悔もなく、すべてささげたと告白できるビジョンを握りしめて進めるようにしてくださいと。

08 真の成功と幸福とは

成功しても幸福でない人々

しばらく前、ロトに当選した恋人同士が法廷争いを起こしたことがありました。当選したのは二十代になったばかりの大学生カップルでした。興味本位で立ち寄ったくじ売り場で、即席くじを購入して削ったところ、その場で五億ウォン（約五千万円）も当選したのです。当時、二人は跳び上がらんばかりに喜び、小指をからませて当選金を折半すると約束しました。二人が当選したことが知れ渡ると、周囲は大騒ぎになりました。大当たりの人生だ、将来は何も心配ないと。実際二人も、突然成功を手にしたようで、肩で風を切っていました。

しばらくして、二人が別れることになると事件が起こりました。当選したくじは女性のお金で買ったものでしたが、その当時、男子学生が持っていました。二人は大学生でしたが、将来を約束した仲だったので、男子学生の母親が当選金を全額保管（？）し、結婚するときに資金として渡すと言っていました。女性側でも快く「そうしましょう」と言っていましたが、一寸先は闇、二人は別れることになったのです。

すると、当選金の問題が浮かび上がりました。もともと当選金を折半することになっていましたから、その分を渡してほしいと言いましたが、男性側は何も反応しません。女性側も黙ってはいません。結局、彼氏を相手に訴訟を起こしましたが、当選金は母親の懐に入り、商売の資金として使われ、簡単には取り戻せないという内容でした。

一瞬にして大当たりの人生、成功の人生の主人公になったようでしたが、人生は一寸先を見ることができません。彼らはもう幸福ではありませんでした。

ある男性は、いわゆる成功しているCEOでした。若いときにベンチャー企業を興し、徐々に成長し、今では上場するほど成長するなど、事業は発展しましたが、忙しすぎました。彼はまるで忙しさ脅迫症にかかったかのようでした。昼食の約束をすると、忙しい人の特性で、遅れてくるのはいつものこと、席に座るやいなや「一番早くできるものを」注文し、短答式の会話をします。そして急いで食事を終え、デザートが出てくる前に席を立っては「ちょっと忙しいので」と言っていました。

人々は彼を羨ましがりました。うまくいっている人、成長している人だと持ち上げ、彼は自分が成功したのか見計らう余裕もないと言って、仕事に埋没して過ごしました。

彼の財力と能力を羨ましがっていたある人が、彼の家を訪ねました。当然、彼は仕事中でしたが、彼の子どもたちに会うことができました。小学生の二人の子に聞きました。

「お父さんが成功していていいね」

「……別に」

「どうして？　世間に認められ、仕事もうまく行っているのだから、うれしいでしょう？」

しばらく考えていた上の子がクールに答えました。

「私は、お父さんみたいに生きたくありません」

子どもたちに認められない成功した人生は、果たして成功した人生だと言えるでしょうか。

よく成功＝幸福と信じられています。けれども、先の事例のように、成功と幸福が一致しないケースはたくさんあります。もしかして、成功できずに、このような事例を探し回って慰めを得ようとしていますか。そのような必要はありません。実際に多くの人々が考える成功の姿と幸福だと考える姿が一致しない場合が多いということを、さまざまな媒体を通して頻繁に目にします。

人々から美しいと称賛されている女優は、外見が成功しているにもかかわらず、失敗の人生を選ぶ場合も数知れません。世のお金をすべて所有しているような成功的な財力を備えた金持ちが、一銭のためにぶるぶる震え、自分のためにも他人のためにもお金を使えなかったりもします。世の権力という権力をすべて握っているような、いわゆる既得権の座にいながら、いつ、どうやって力を失うかわからず、戦々恐々として不安に震えている姿も見ます。

一方、持っているものは特になくても、幸福だと考えている人々がいます。自分の状況に十分に満足し、高い自尊心をもって幸福を叫びます。岡持ちを持って駆け回り、貧しくて愛されない子どもたちを育てた「岡持ちウスさん」〔訳注・韓国で映画化された実話の主人公、キム・ウス氏〕は、この世の基準で考えれば成功しませんでした。しかし、彼の分かち合いの人生、幸福だった分かち合いの人生に拍手を送ります。彼が幸福だという事実は、だれも否定できません。

教育熱の高い韓国の場合、数十年前までは子どもに対する親の期待は一つでした。勉強ができて独り立ちできるようになりなさいということです。「勉強しなさい。自分のためだぞ」またたは、「人の先頭に立ちなさい。後についていってはいけない。勉強しなければ他人に食べさせてもらって生きることになる」と、耳にタコができるほど言われたものです。おかげで、その頃の子どもたちは、人として認められるためには勉強しなければなりませんでした。おそらく、戦後世代の親にとって、子どもの成功は学べるだけ学び、社会の一員として地位を確立することだったのでしょう。その時代は、ほかの人より多く学び、良い職場に通い、家を買い、土地を買う典型的な金持ちのことを成功した人だと考えました。

その後、社会が発展し、産業が近代化すると成功の基準も少し変わりました。今はどうでしょうか。社会的に流行しているキーワードを見ると、一時はウェルビーイング旋風が吹き、健康な体と精神を養おうという努力が続きました。そのうちヒーリング、自分の内側の傷をいやすというヒーリングの時代となりました。それくらい社会の発達とともに傷ついたたましいも多くなったことを語っています。

ヒーリングの後は何が流行しているでしょうか。今は「真の幸福」に集中しています。心を癒しても満たされないのか、今はどうやって幸福な人生、真の幸福の人生を作っていくか、悩んでいます。成功しても幸福ではない人々があまりにも多いからです。

今は成功を論じるより、成功の本質ともいえる幸福に集中しなければなりません。

成功を曖昧にする六つのこと

成功したとしても幸福になれない理由は何でしょうか。理由はただ一つです。間違った成功の基準を、幸福だと錯覚して生きているからです。幸福は自分の感情や意志が結合して胸を温かくし、躍らせる心構えです。その幸福は、自分自身から出るものであるにもかかわらず、間違った成功の基準が自分自身を見えなくしているため、成功と幸福が一致しないのです。自分自身に対する確実なアイデンティティが確立せず、この世的な基準で自分自身を見て、その基準に自分を当てはめています。

自分のアイデンティティを見誤らせる「6P《シックスピー》」という間違った成功の基準があります。

成功している男性たちの間では、シックスパックの腹筋が必須アイテムだそうですが、この「6P《シックスピー》」、六つの質問は自分の目をふさぐアイテムです。年俸、価値評価など、世が私たちを見る基準によく似たこの六つは、自分自身のアイデンティティをまともに見られなくします。

第一のPは、「どんな見た目か」(Perception)です。自分自身をわからなくするこの外形的な物差しは、人の目を曇らせます。もちろん、外見も重要です。まして韓国は整形天国で、海外から整形手術に来る人がいるほど技術が発達しています。これは皆が外見至上主義的基準に従って生きているからです。今、この世は見えるものを重要視しすぎています。各種メディアでは、かわいく、格好いい芸能人が毎日新たに登場し、食べるだけでやせるというでたらめなダイエット関連製品が出ています。話にもならないと思いつつも、知らないうちに同じことをしているのが、気に入らない真実です。このように私たちは、見える姿、どのように見えるかによって自分の姿が決定すると考えます。それが幸福だと考えます。しかし、見える美しさは時間の流れに従って変化し、結局は、だれもが似たりよったりになります。考えてみてください。どんなに美しいミスコリアたちも、高齢になれば外見的な美しさを見分けることは難しくなるでしょう。

第二のPは「どれほど多く持っているか」(Possession)です。最近、婚活業界の話を聞いたところ、人々が考える配偶者の基準の第一は「財産がどのくらいあるか」だそうです。それほど、持っているもので人を評価するということです。自分がよくわからなくなる理由もまた、自分がどれくらい良い暮らしをしているか、どんな車に乗っているか、どんな町に住んでいるか、何平米《へいべい》のマンションを持っているか、などなど、自分の所有を自分だと錯覚するからです。ですが、持っているものもまた、永遠ではありません。財産とは、今はあってもいずれなくなり、永遠のようですが、ある瞬間、指の間からこぼれやすいものです。

第三のPは「どんな立場にいるか」(Position)です。これは社会的立場が自分だと考えることを指します。肩書、地位や職責などでその人を判断することはできません。これらの物差しは状況や環境によって変わるものであり、決して客観的な基準とすることはできません。

ある企業で、最高責任者の地位にまで上りつめた人がいました。彼はその立場でほとんどすべてのことを享受しました。しかし、成果によって左右される冷たい社会の法則に従い、実績が下がると退くことになりました。ところが、彼は自分の立場を忘れました。これまでのように号令を出し、これまでのように力を発揮しようとしたので、結局、彼の周りにはだれも残りませんでした。社会的立場というものも、永遠ではないのです。

第四のPは「どれほど力があるか」(Power)です。特に韓国ではパワーの有無はとても重要です。権力とも似た意味で使われるパワーを持つ人々を見ると、そのパワーが、すなわち自分だと考えています。映画を見ると、権力のある人々が登場して、よくこんなことを言います。

「私がだれだか知っているか。私だ、私。私の言うことが法律だ」

もちろん、その人の持つ権力が大きいこともあります。しかし、そのパワーは立場によって与えられたものにすぎず、決してその人の存在価値を決定づけることはできません。

第五のPは「成果があるか」（Performance）です。パフォーマンス、特に、学究熱の高い親は、子どものパフォーマンスにいのちをかけます。どれくらい成果があるか、どれくらい能力があるか、どんな結果をもたらしているか、そのパフォーマンスで子どもを評価するために、成績が一点でも上がれば「やっぱり私の子ね」と言い、一点でも下がると「なんでこんなことになるの？」とひどい言葉を投げつけます。子どもは母親の言葉で、「ママの愛する子」にもなりますが、「みっともない」子どもにもなります。

最後、六つ目のPは「学歴があるか」（Ph.D）です。韓国のように学歴を大切に考える国も珍しいでしょう。学歴重視の採用基準のために、良い学校、高い学歴を持つ人に対する憧れが強くあります。ソウル大学出身だと言えば自然に振り返って見直し、学歴を知らなかったときに見えた短所は長所に昇華されて見える、奇異な（？）現象も起こります。こうして、学歴重視の社会において、自分すなわち学歴という評価基準を持つようになります。

このように6Pは世が人を評価する基準であり、アイデンティティを混乱させます。このような基準に依存していると、自分の存在価値がよくわからず、自分が持っているもの、自分が見せているもの、自分が成就したこと、勉強したことなどが自分自身だと信じてしまいます。

ところで、そのように形成された価値は、本当に正しいものでしょうか。本当に成功でしょうか。いや、成功にまさる幸福を与えることができるでしょうか。残念ですが、そうではありません。六つの基準に、ある程度満足だと考えることはできますが、状況や境遇は変わり続けるからです。昨日までは外見もどうにかそれなりで、持っているものも多く、地位もあったのに、一晩で持ち物を失って地位を剝奪された人は、突然、自分の存在価値が、うまく行っている人から何もない人生になったと言って、恥ずかしさに陥ってしまいます。

実際、韓国人教会で奉仕していたとき、鬱病にかかった姉妹の場合がそうでした。彼女は韓国人社会で成功したと評価されていました。夫もまた、いわゆる成功した人だったので、そのとおりの自負心をもって成功したと考えて生活していました。

ところがある日、夫と口げんかをし、腹立ちまぎれに夫が妻に向かって「この役立たず！」と言いました。彼女は「役立たず」という言葉に強いショックを受けました。その言葉がどれほど鋭く胸に突き刺さったか、自分が今までだれのために生き、何のために生きてきたのか、理由がわからなくなるほどすべてが一瞬で崩れ去りました。結局、彼女はその傷を克服することができず、果たして「私は何者か」と混乱に陥り、鬱病に苦しむことになりました。

彼女は、世が語る六つの基準を満たしていると考えていました。しかし、いざ自分の存在に対して攻撃を受けると、すべてが何ものでもないということに気付いたのです。

結局、存在価値に対する省察なしには、成功も幸福もやかましいどらやうるさいシンバルにすぎません。世の基準に到達しようと努力しますが、いつもその基準に、その判断に満たない自分を見るようになり、いつも否定的でいらいらして、卑下します。そして、少し到達しても存在価値に対する確信がなければ、砂の城のように崩れてしまうからです。

私たちは成功について、遠くにあるように考え、青い鳥を探し回るように外に成功を求めます。遠く離れているものだと考えて、幸福にただ憧れるばかりです。しかし、真の成功である幸福は外見、学歴、パワー、ポジションなどのような外部的な要因から来るのではなく、自分自身、内面からにじみ出るものです。青い鳥を探し回った子どもたちが結局、近くで青い鳥を見つけたように、すべては自分にあります。ですから自分自身をきちんと見つめ、アイデンティティを確実に知る必要があります。

自分の真の価値

私には三人の子どもがいます。まだら模様という言葉がピッタリで、どうしたらこんなに、性格も趣向も違うのか、神の無尽蔵の創造力に驚くばかりです。ところで、やはり末っ子はかわいいもので、特に父親の心を喜ばせ、私もまたその子のかわいらしさに親密さが深まります。

（もちろん、三人とも同じように愛しています）。その子は幼い頃から特にかわいく、情が深く、愛嬌たっぷりでした。服を着せても、活動的なズボンよりスカートをはき、表情もコントロールしていたようです。ある日、私は聞きました。

「おまえ、……お姫様なのかい？」

「ええ、そうよ。私はお姫様よ」

「そう？　どうしておまえがお姫様なんだい？」

「えっと、……ドレスを着ているからよ」

「そうか。でも、パパが理由を教えてあげるよ。おまえがどうしてお姫様かわかるかい？」

「どうして私がお姫様だっていうの？」

「それは、パパが王様だからだよ」

子どもはわかったような、わからないような笑みを浮かべ、その後は、お姫様である理由を聞くと、「パパが王様だからよ」と公然と言って回りました。それを聞くたびにどれほど気分が良かったかわかりません。


幸福は、自分自身を知るところから始まります。自分がどんな人間か、どんな存在価値があるか、把握しなければなりません。

私はだれか。その存在価値はすでに神の子となった瞬間、一次的に与えられます。王である神の子となったのです。末娘がお姫様になったように、私たちも神の子という尊い存在、権威を得ました。私を造り、私たちの血を熱くする神は、私たちをとても尊く考えておられます。

聖書のイザヤ書43章4節にこのようなことばがあります。「わたしの目には、あなたは高価で尊い。わたしはあなたを愛している」

これが私たちの存在価値です。時に疲れ、落胆し、本当に願うことが何か、その根源を求めて深く、深く掘っていくと、結局、「私は愛されているか」という問いにぶつかります。結局、愛され、認められる存在になりたいという飢え渇きが解決されなければ、すべてが成り立たないのです。

ところで、神は私たちの存在価値を高くされました。世は、私がどんな格好をしているか、どこに住んでいるか、何を勉強したか、どれくらい持っているか、どれほど賢いかを見ますが、神は私たちを高価に思い、無条件に尊いと言われます。どれほど大きな慰めでしょう。

神が私たちを尊く思われるのに条件はありません。どんな存在条件も付けません。ありのままの私を大切で尊い存在だと思ってくださいます。神の愛が私たちに向かって近づいてくると語られます。

しかし、私たちがまだ罪人であったとき、キリストが私たちのために死なれたことによって、神は私たちに対するご自分の愛を明らかにしておられます。(ローマ5・8)

神は私たちのありのままの姿を愛していると言います。神は私たちを特別に見ておられます。世が何と評価し、判断しても、神が無条件に愛して認めてくださることで、私たちは生きていく存在価値を十分に感じることができます。

末娘がやって来て、自分を愛しているか聞きました。もちろん、私は愛していると言いましたが、子どもはその理由が気になったようです。私は文法上正しくありませんが、「愛しているから」と答えました。文脈上は合っていないようですが、本当に子どもが愛する理由を聞くなら、ただ愛しているからと答えるしかありません。私たちに対する神の愛はそれよりもっと大きいのです。全能者である神、その神は私たちの父であり、無条件に認め、愛してくださる方です。私たちはそのような方の子どもですから、高価で尊いのです。

存在自体を高価で尊いということは、世がどんな基準を持ってきても揺るがない自分の哲学を持たせてくれます。私は尊いと考えるとき、この世的な成功は何ものでもありません。内面から流れ出る強さ、たましいの尊さを確信しているなら、それが成功であり、幸福です。

絶対的幸福を求めて

多くの人々が、外見、学歴、地位など、ある程度の立場にある人はこの程度の水準の人生を歩むべきだというそれなりの基準を立てます。おかしな話ですが、慶弔事に行くときも、会社内には見えない基準があります。部長だからこのくらいの額は出すべきだという見えないラインがあり、平社員は課長より出してはいけないという不文律のようなものがあるそうです。

すべてが相対的です。成功もそうです。いわゆる成功とは、絶対的ではありません。この程度、この立場になれば成功＝幸福、このような基準は存在しません。「人の欲にはきりがない」というように、ある程度パワーを経験した人は、もっと大きな権力を持とうとします。これくらい持っている人は幸福だと考えますが、その人は、もっと多く持っている人を羨ましがって追いつこうと努力します。

ですから、成功は相対的です。相対的な成功を追い求めると、その分、満足感は下がるしかありません。なぜなら、上っても上っても人間の欲は限りがないからです。相対的幸福も永遠ではありません。

しかし、存在価値を回復したなら、相対的成功に恋々としません。世でいう成功は何ものでもなく、絶対的な幸福があるということを知るからです。私たちにとって絶対的な幸福は、神との関係の中にあります。創造主なる神が私の存在を尊く思っておられるので、神との関係、インラインに置かれていれば、平安と慰めと祝福がおとずれます。

「……かつては人間にも真実の幸福があったが、今ではもう、うつろなそのしるしと痕跡だけしか残っていないということ、人間は手当たり次第に自分のまわりにあるもので、このうつろを満たそうと無駄な努力をし、今あるものからは得られない救いを、今はないものから得ようとあがいているが、どんなものにも救いを与える力はないということ、そのわけは、この底なき深淵を満たすことができるものは、ただ無限にして不動の存在、すなわち神のほかにはなにもないからであるということではなかったであろうか」(『パンセ』パスカル著、田辺保訳、教文館、二〇一五年)

フランスの哲学者であり物理学者であるパスカル(Pascal)の言葉のように、私たちのうつろな空間を霊的な空間で満たさなければなりません。この言葉は、すなわち神との関係が親密でなければならないことを語っています。一方、神との関係に間が空くと、絶対的幸福を感じることができません。

神がほかの生き物とは違って、特に人間にだけたましいを与えた理由は、霊である神との交わりのためです。霊的な交わりは本当に重要です。絶対的幸福もまた、霊的な交わりを通して悟り、堅固になります。祈りを通して、みことばを読みながら、生活の中で神の愛を悟る瞬間、私たちは自分の存在価値に確信を持ち、神が自分を特別に愛しておられるという愛の中で絶対的な平安、絶対的な幸福を感じることができます。

このように、絶対的な幸福を悟るなら、私たちの人生は当然、変わります。絶対的な幸福を分かち合いたくなり、分かち合いと施し、ささげることで生活の変化が現れます。もちろん、絶対的幸福を悟れないまま分かち合いと施しを実践することもできます。その場合、ある程度影響も及ぼすでしょう。しかし、自己の義、自己愛、自己満足のための奉仕と分かち合いは長続きしません。真心がないのですぐに疲れ果て、障害が起こると毅然として打ち勝つことができず、失敗します。人情と称賛にだけ左右され、振り返らない関心が傷になることもあります。

絶対的幸福を悟って実践する分かち合いと、施しはそれとは違います。自分が神の尊さを受け取っているという自尊心を土台にしているからです。神の尊さを受け取っている私が、神の尊さを受け取っている人々に自分のものを分け、仕えることは、尊さを倍加します。だから与えるときに喜びを感じます。これが、神の中にとどまることによって感じる絶対的幸福が与えるシナジー効果です。そして、それが真の成功です。

真の成功は、自分一人だけの世界で感じるものではありません。尊い存在としてつながっている社会で、自分の価値を美しく現し、分かち合いと奉仕によって、さらに価値のある社会を作っていくことです。これが、神の御心でもあります。

PART 3

曖昧な「信仰」を決めてくれる神

信仰の世界は目に見えません。

目に見えず、耳に聞こえず、手に触れることもありません。
しかし、確かにその世界はあります。
主は今日も語っておられます。
あなたは見たから信じるのか、見ずに信じる者は幸いだと語っておられます。
見えないから曖昧なのではありません。
見ようとしない曖昧な信仰、
見ても見ることのできない高度近視眼的信仰が
見えない偉大な信仰の世界を見えなくしているのかもしれません。

09 何が神の御心か

神の御心vs自分の思い

ある女性がいました。聖地巡礼に行くか行くまいか決められず、悩んでいました。十日以上の日程で行けば仕事に支障が出るだろうし、行かなければ、聖地巡礼を通して信仰が成長する機会は二度とないように思われました。

「主よ、聖地巡礼に行くべきでしょうか。教えてください」

女性は祈り、不安なまま一応予約しました。彼女が予約した飛行機は七四七便でした。ところが翌日、驚くことが起こりました。夜通しごそごそして寝そびれたためか、深く眠れずに何度か目が覚め、何となく机の上の時計を見た女性はびっくりしました。

「あら、七時四十七分ね。七時四十七分？　七四七？　ああ、神様、これは七四七に乗って聖地巡礼に行きなさいということですか？」

女性はその日の朝、偶然見た時計によって、心軽やかに聖地巡礼に旅立ちました。また、こんな話はどうでしょうか。

転職先の上司との葛藤がどうしようもなくひどくなって、ある兄弟が深く悩んでいました。理由もなく自分を苦しめる人と毎日顔を合わせ、困惑していました。彼はひざまずきました。

「主よ、私は今、どうするべきでしょうか。主よ、あなたの御心を教えてください」

もどかしい思いで祈りをささげましたが、なぜか神がサインをくださるような気がして聖書を開きました。

「主よ、今、私は聖書を開き、目を閉じてみことばを指します。私に最も必要なみことばがあると信じます。さあ、今、開きます」

慎重に慎重を期して開き、指で指した箇所はマタイの福音書27章5節でした。

「そこで、彼は銀貨を神殿に投げ込んで立ち去った。そして出て行って首をつった」

彼は慌てました。殺伐と首をつって死んだイスカリオテのユダの話が出てくるなんて。そして、すぐに気を取り直して、自分自身を慰めました。

「いや、こんなはずはない。神様は良い神様なのだから。そうだ、何かが間違っているんだ」

今度はさらに慎重を期して聖書を開きました。ところが、どうしたことでしょう。二度目に出てきたのは、ルカの福音書10章37節のみことばでした。

「あなたも行って、同じようにしなさい」

まなざしがだんだん暗くなった彼は、ちょうど三回目だと心を慰め、最後にみことばを開きました。慎重を期して目を閉じ、指で指したところはヨハネの福音書13章27節でした。

「あなたがしようとしていることを、すぐしなさい」

三回も聖書を指すことをくり返した兄弟は、どうなったでしょうか。むなしく一人で試みを受け、ようやく教役者の助けによって失敗に気付き、立ち返りました。

今、私たちの信仰はこうではないでしょうか。見えない神の御心を自分の思いどおりに、自分に便利なように選び、判断し、それが自分の口に合わなければ胃がもたれるのです。私たちは確実でない人生を生きているので、神を信じることによって、自分の人生がまるで絵のようにぱっと広がることを願います。ですから、思いどおりに神の御心を当てはめます。

「神様、早く家の契約をしなければなりません。十二時までに不動産屋から電話が来たら、契約しなさいという御心だと思って契約します」

「神様、あの人と結婚することが正しいのでしょうか。今日あの人が、私が一番好きな服を着て来たら、結婚しなさいという御心だと思って、そのようにします」

私たちは何度も、祈りではない自分の願いを口にします。結果が自分の考えと違うように展開すると、「果たして神の御心はどこにあったのですか。確かに私と約束したじゃないですか」と腹を立てます。また、考えてもいなかった方向に事が流れるとブレーキをかけます。「あれ？神様……こんなことなさってはいけません。これは御心ではないはずですけど？」自分の思いを前面に押し出すことが多くあります。結局、神の御心を正しく察することができないまま、信仰を放棄することもあるのが私たちの姿です。

私たちが思い違いしている神の御心

今日まで、多くの人々が神の御心をめぐって、多くの失敗と過ちを犯してきました。聖書にも神の御心を取り間違えた事例が出てきます。神の親密なしもべモーセがそうです。モーセはイスラエルの民をエジプトの奴隷生活から解放させる出エジプトの指導者でしたが、彼もまた神の御心を自分の任意で解釈したせいで、カナンの地に入れずに死ぬことになりました。

このように、良い信仰の人々も神の御心を正しく知ることができませんでした。どうしてでしょうか。見えない神の見えない御心を正しく知ることができないからです。自分が願っていることについてはわかりましたと言い、自分が願っていないことについてはよくわかりませんと、言い訳をするからです。そのうえ性急です。どれくらいの信仰生活か、その期間は関係なく、神の御心を早く知りたいと願い、自分の思いどおりに御心を決めようとします。

そこで「開いた門、閉じた門」の方法を使うことがあります。「この門が開けば神が開かれたのであり、門が閉じれば神が閉じられたのだ」と考えることです。しかし、この方法は危険です。開いたとしても必ずしも神の御心ではないかもしれないし、閉じたからといって確かに神の御心ではないということはできません。状況によって開くことも、閉じることもあるし、神が語っているのではないかもしれないのに、確実に目に見えるので信じてしまいます。

聖書にこれと関連した出来事が書かれています。魚の腹の中に入った預言者ヨナの物語です。彼は神から、ニネベに行って人々に悔い改めるように告げなさいという命令を受けましたが、そこに行くのはどうしても嫌でした。従わないと心を決めてヨッパに行くと、ちょうどタルシシュ行きの船が目の前にありました。すると彼は非常に喜びました。「ほら、タルシシュ行きの船があるじゃないか。これが神の御心だ」と考え、すぐにその船に乗ったではありませんか。

しかし、結果は良くありませんでした。神の命令を行わなかったヨナは、魚の腹の中に閉じ込められ、徹底して砕かれた後、最初に命令されたニネベに行って、彼らを悔い改めさせる働きをすることになりました。開いた門の方法で神の御心を解釈しましたが、正しく知ることができなかったのです。

ある人が、自分の進路について祈るうちに、「人のために献身して奉仕する」ことに使命があると悟りました。そして、障がい児を助けるどの団体で働こうか悩みましたが、適当なところがありませんでした。ところが、偶然、交換留学生として留学するチャンスがやってきました。彼は選択をしなければなりませんでした。自分が願っていた働きの現場ではなく、全く違う勉強のために開かれた門を入るべきか、閉じている門が開くまで待つべきか。不幸にも「先生、やっぱり神様がこの道ではないと、あっちの門を開いてくださったようです」と言って、留学しました。

残念なことに、彼は六か月経って、自分の適性とは全く合わない勉強を諦めて戻り、一年の歳月が過ぎて、ようやく本来祈っていた仕事をするようになりました。

預言者ヨナやこの話からわかるように、環境が開いたり閉じたりすることだけで神の御心を判断してはいけません。なぜなら、自分自身の考え、自分の思いを尊重するあまり、偶然開かれた環境を性急に神の御心だと判断してしまうからです。一言で言えば、神の御心を口実にする失敗を犯すこともあるのです。

これだけでなく、神の御心を思い違いすることは数多くあります。環境が開かれたかで見極めるのも問題ですが、自分の思いどおりにするのに主の御名をこっそり借りる態度も問題です。

ある人が、運転中にどうしてもドーナツを食べたくなりました。

「主よ、お店に駐車できたら、買って食べなさいという御心だと思って、ドーナツを食べます」

こんな祈りをささげてドーナツ屋に行きましたが、駐車する場所がありません。駐車場の周りを十一回も回って、周辺をうろうろした結果、一台の車が出て行ったのですぐに車を止めて祈りました。

「主よ、感謝します。やっぱりドーナツを食べなさいという神様の御心だったんですね」

自分がやりたいことをするために、神の御名だけをそれとなく借りることが神の御心を知ることではありません。

また、ある人々は霊的な御心を受け取りたい、と願います。天の扉が開いてみことばがくだって来るとか、神秘的な幻の中ではっきりと「これだ」と教えてくれることを願います。もちろん、そういう場合もないわけではありませんが、非常に稀です。また、自分の気分によって、感情によって、まるで神の御心がわかったかのように混同することもあります。みことばを聞いて聖霊が満ちるときは神の御心であるようなのに、忙しい日常に戻って仕事に追われて疲れると、神の御心ではないような気がします。

気分の良いときは御心がわかるようで、気分が悪ければわからない、感情によって神の御心があったりなかったりするのは、神の御心を思い違いするやり方です。

このように、神の御心は、受け取る人の感情の状態や、環境を誤って理解したり、神秘的な体験を通してだけ得ようとするときに、曖昧に迫ってきます。それは神の御心が曖昧だからではありません。私たちが神の御心を間違って見ているからです。

神の御心に込められた原理

夢の人ヨセフを考えてみましょう。彼は「夢見る者」と言われるように、夢を見て生涯を生きました。その夢は、当然、神の御心によるものでした。しかし、神が下さった夢がすぐに実現したのではなく、兄弟たちに妬まれ、憎まれ、エジプトに売られ、牢に入れられるなど、大変な人生を歩みました。神の御心が本当に曖昧に思える瞬間を通ってきたのです。けれども、神は最後までヨセフを通して御心を実現させ、ヨセフもまた、従うことでエジプトの宰相となる勝利を味わいました。

ヨセフの物語は、私たちを通して起こる出来事が――良くない状況であっても――究極的には神の御心によるものであり、その中に各個人に対する御心があり、必ず実行されるということを表しています。

私たちに起こるすべての出来事も、神の御心によって起こっているということを知らなければなりません。そのためには、神の御心に対する基本的な理解がなければなりません。

神の御心に込められた五つの原理を見ていきましょう。

第一、神の御心は極めて個人的です。「すべての人々に、わたしの思いをあなたがた全員で全うするように言いなさい」とはおっしゃいません。ヨセフにはヨセフに願う御心があり、あなたにはあなたに願う神の御心があります。これはすなわち、個人に対する神の特別な御心があるということです。

あるとき、友人と一緒に訪ねてきた人がいました。祈っていて、友人が神から召命を受けたというのです。医科大学に通っていた友人は、神が自分を医療宣教を通して用いようとしていることを悟り、そちらに方向を定めたそうです。この二人はとにかく信仰的にも深い交わりを持っていたので、自分にも、友人と同じ召命を下さったようだと言うのでした。

「祈っていて、そのような召命が与えられたのですか」

「まだ確実ではないですが。先生、私たちは長い間一緒に祈って来たんです。友人が医療宣教の御心を悟ったのですから、私も同じ宣教の思いを抱いて進んだら、神様の働きがもっと豊かになるのではないでしょうか」

もっともらしい答えでしたが、私は彼の意見に全面的に同意することはできませんでした。そこで、ペテロとヨハネの話を聞かせました。イエスは復活した後、ペテロに対して、「わたしの羊を飼いなさい」と命じました。ペテロはみことばに従うと言いながら、後ろにいたヨハネについても尋ねました。

「主よ、それでは、私のそばにいるヨハネはどうなりますか?」

そのとき、イエスは「そうだ、あなたも一緒にペテロの働きを手伝いなさい」と気前のいい命令を下されませんでした。イエスのことばを英語の聖書（ＮＴＥ）では次のようになります。

「What's that got to do with you?」（それがあなたに何のかかわりがありますか）

つまり、より正確に表現するなら「他人の心配はせず、あなたは自分に対する計画にだけ従えばよい」という意味です。一言で言えば、御心を受け取った自分にだけ集中しなさいという意味です。このように、神の御心は極めて個人的です。

一人ひとりに対する御心があるので、周囲のだれが応答を受けようと、だれがうまくやろうと、気にする必要はありません。自分に対する神の御心が一番完璧で一番自分に合っている御心です。自分に与えられた御心に集中すればいいのです。

ところが、神はこのように個人的に歩みを導きますが、いっぺんに御心を教えてはくださいません。ここで神の御心に込められた、第二の原理が出てきます。神の御心はステップ・バイ・ステップ（step by step）、段階的です。長編小説ではなく、毎回連載される連載小説のように、一歩ずつ導いてくださいます。十年後、二十年後まで一度にすべてを見せてはくださいません。実際、この点がとてももどかしいことがあります。

「ああ、主よ、一度にぱっと全部見せてくださったら、神様も楽でしょうし、私も不安にならないのに」

しかし、神は一歩ずつ、ステップ・バイ・ステップを願われます。その過程、過程を通して私たちのうちに働き、語り、私たちと交わることを願っておられるからです。

「私は　あなたが行く道で　あなたを教え　あなたを諭そう。あなたに目を留め　助言を与えよう」（詩篇32・8）。このみことばのように、神は一歩ずつ導かれますが、目を留め、助言を与えることを願っておられます。神は必要な分だけ確実に見せてくださいます。ですから、極めて個人的で一歩ずつ導かれる御心の原理をよく理解しなければなりません。

第三、神の御心に込められた原理は、私たちに対する神の御心は常に善であるということです。エレミヤ書29章11節を見ると、「わたし自身、あなたがたのために立てている計画をよく知っている――主のことば――。それはわざわいではなく平安を与える計画であり、あなたがたに将来と希望を与えるためのものだ」と語っておられます。

ある教会役員が個人的な困難に遭っていました。事業の経営に問題が生じ始めたと思ったら、子どもの大学入試まで失敗しました。一浪した子がようやく大学に受かったと思ったら、適性より学力に合わせたのが理由だったのか、親に相談もなく自主退学してしまいました。後になってその事実を知り、その人は絶望しました。おそらく、神が自分の家庭に苦難を与えると決めたようだ、行くところまで行くのが神の御心のようだと不満をもらしました。

いいえ、子どもが悪くなるのを願う親はいません。肉の親も子どもに良いものを与えることを知っているのですから、天の父はなおのこと私たちに悪い御心を抱くでしょうか。神は祝福を与えたいと願っておられます。一見、苦難や苦痛のようであっても「神を愛する人たち、すなわち、神のご計画にしたがって召された人たちのためには、すべてのことがともに働いて益となることを、私たちは知っています」(ローマ8・28)というみことばのように、すべてのことを働かせて祝福になるようにされます。

苦難の中に置かれているとき、サタンは私たちを混乱させることがあります。「本当にこれが神の善なる御心だろうか。今この瞬間を乗り越えたら、本当に良いことがあるだろうか」とささやきます。そのようなとき、はっきりさせましょう。神の御心は必ず良いものであり、私たちにとって善であると。

神の御心に込められた四つ目の原理は、神の御心には、私たちと交わろうとする目的が込められているということです。普段、私たちは神の御心をあまり気にしません。けれども問題が起こると、そのときになって神の御心が何か、あわてて求めます。これはつまり、神の御心を問題解決の非常口だと考えているという意味です。もちろん、間違いではありません。神の御心を知ることは現実の中で問題の解決点を探すことです。しかし、神の御心は、平常時の神との交わりを通してより明確に、簡単に知ることができます。

聖書は、神と交わる姿をこのように表現しています。「You are in tune with God.」自動車のエンジンを徹底的に調整する「チューンアップ」のように、いつも神に周波数を合わせる作業が必要です。言い換えれば、常に神のそばに自分を置くことで、交わりをしていくことを願っておられます。

問題があるときだけ連絡するのと、普段から交わりをするのとは次元が違います。差し迫った状況での交わりでは深い思いを共有することができませんが、時間をともに過ごす交わりでは、人生で起こりうる曖昧な部分において、神の御心をはるかに明確に、簡単に知ることができます。神の御心はそのような深い交わりを基本とするときに、より明確になります。

神の御心の最後の原理は、必ず従順を必要とするということです。神の御心を求めるということは、神の御心どおりに生きます、従いますという意味を含んでいます。しかし、「神様、とりあえず御心を示してください。教えてくださる御心を私が見て、考えてから従います」こんな思いで御心を求めることが多くあります。「聞いてみて決定します」というような、従順に対する曖昧な態度は、神の御心をもっと曖昧にしてしまいます。

愛する子どもが意見を求めてきたとしましょう。愛する心があまりにも大きいので、たくさん考えて解決策を提示したのに、子どもが参考にするだけで従わないとしたら、どんな気分になるでしょうか。

神の御心を求めるときは、必ず従順を前提としなければなりません。ちょっとやってみて少し難しいと、神の御心ではないようだと自分で判断して諦めるなら、最後まで神の御心を知ることはできないでしょう。ですから、従いますという決断が必要です。

このように、神の御心には五つの原理が込められています。自分自身に対する個人的な御心であり、一歩ずつ導かれ、必ずすべてを働かせて益としてくださる御心です。また、神は私たちと交わるために御心を示され、その御心を示すことで私たちの従順を願われます。これら五つの原理を適用するとき、神の御心は決して曖昧ではありません。ただ、自分に感じられる神の御心がこの原理に合っているか、省察が必要なだけです。ですから、使徒パウロがコロサイ人たちに、「あなたがたが、あらゆる霊的な知恵と理解力によって、神のみこころについての知識に満たされますように」(コロサイ1・9)願うと勧めたように、私たちも神の御心を確実に知るために、知恵で満たされなければなりません。

神の御心を知る七つの方法

私たちが神の御心をなぜ曖昧に受け取るのか、曖昧なものとして受け取らないためにどんな原理を適用すればいいかを見てきました。それでは、今度はどうすれば神の御心を知ることができるか、考えてみましょう。

クリスチャン作家として有名なC・S・ルイスは、導きの原理についてこのようなことばを残しています。

「内面から神を喜ばせようとする動機で下す決定は、聖霊が導かれたものに間違いない。しかし、神が内面を通してだけ語られると考えるなら、間違いを犯すこともある。神は実際に、聖書、教会、キリストの友、本を通しても語られるからである」

このように、日常生活で神の御心を知る方法は多様ですが、そのうちの七つの方法を分かち合います。

1 みことばによる悟り

ある聖徒が教会執事の職を拒んでいました。執事になると、どうしても多くの時間を奪われると考えたからです。ところが、「管理者に要求されることは、忠実だと認められることです」というみことばが何度も何度も思い浮かんだそうです。それでも、いつか時間ができたら受けますからと拒否していましたが、結局、数年後、うまくいっていた事業を辞め、両手を挙げて執事の職を受けることにしました。神はすでにみことばを通して御心を教えてくださっていたのに、きちんと気づくことができなかったのです。

神はあらかじめ、みことばによって御心を教えてくださいます。絶えず聖書を学び、みことばを聞くことで明らかに悟ることがあるにもかかわらず、それを聞こうとせず、的外れな質問ばかりをします。自分の思いがいつも神の考えに先立っているからです。

みことばの中に真理があります。神の御心はみことばを通して発見できます。みことばは、すなわち神の御心、神の考えだからです。だから、神の御心を知るためにみことばの前に立つのは当然です。それを自分のものとして受け入れて実践すればいいのに、何度も確認しようとし、他の御心があるのではないかと疑うことが問題です。「神様、盗みをしないことが神様の御心ですか」聞く必要もありません。すでに「盗んではならない」というみことばを通して教えてくださっているからです。神の御心はみことばの中にあります。したがって、みことばを読むうちに自分の胸に迫ってくる聖句を通して、神の御心を悟る努力をしなければなりません。

2 祈りによる発見

「神様、これもください、あれもほしいです。あ、それからこれは私が願っていることではないので、しないでくださいね」

このような祈りをしていませんか。これはやや露骨な表現ですが、実際、多くの人々がこのような一方的な祈りをしています。自分が言いたいことを思いっ切り口にして、「以上、アーメン」と言って終わるのが祈りではありません。このような祈りでは、神の御心を知ることは難しいでしょう。神に自分の思いを告げる情報伝達にすぎないのではないでしょうか。

祈りは、自分の思いを語ることではなく、神の御心を求めることです。「主よ、お語りください」このように求める祈りを願っておられます。もちろん、自分の思いを告げることもあります。しかし、最後には必ずイエスの祈りのようにしなければなりません。

「父よ、みこころなら、この杯をわたしから取り去ってください。しかし、わたしの願いではなく、みこころがなりますように」

イエスも自分の願いを求めましたが、結局は、神の御心どおりにされることを願いました。神はこのような祈りを願っておられます。それは神の御心を変える祈りではありません。神の御心にゆだねる祈りなのです。

祈りはダイアログ（Dialogue）、つまり私と神との対話です。対話の基本原則は、よく話すことより、よく聞くことが優先でなければなりません。私は早朝にみことばを黙想する時間が一番好きです。好きな理由は、神と深く対話して交わることができるからです。実際、神はこの祈りの時間を通して私に最も何度も臨まれ、この時間を通して悟りを与え、語ってくださいます。神が語られるときは静かに聞いていますが、そのときほど親密感を感じることはありません。

ですから、祈るときも神の御声に耳を傾けなければなりません。その中で神の御心を発見することができ、深い悟りを得ることができます。

3　聖霊の導き

『天路歴程』の著者、ジョン・バニヤンの逸話です。清教徒《ピューリタン》の信仰者だったジョン・バニヤンは、国王の命令に背いたという理由で牢に入れられました。ところがある日、牢を見張っていた看守長が彼のところに来て、牢の扉を開けてくれました。妻や家族に会って来なさいという配慮でした。ありがたさのあまり、あわてて出て来たのですが、何か奇妙な気分でした。何度も戻りたいという考えが浮かぶのです。聖霊が自分を促しているようでした。

彼は仕方なく踵を返して、再び牢に戻りました。看守長はびっくりして理由を尋ねました。

「ご好意はありがたいのですが、聖霊が導かれる道ではないようです。だから戻って来ました」

そして、一時間ほど経ったでしょうか、何の予告もなく国王が牢を訪れました。おそらく、囚人がちゃんといるか監視するために来たようで、自分の命令に背いたジョン・バニヤンが収監されているのを見ると、帰って行きました。看守長は考え込みました。ジョン・バニヤンが家族に会うために出かけていたら、どんなことになっていたか、ひやりとしました。王が帰った後、看守長がジョン・バニヤンのもとを訪れ、こう言いました。

「先生、本当に感謝します。私のいのちを救ってくださいました。これからは、私は『行きなさい、戻りなさい』と言いません。ただ、聖霊の導きに従って、行きたいときに行き、戻りたいときに戻ってくださってけっこうです」

ジョン・バニヤンの逸話は、聖霊の導きがどれほど大きな威力を発揮するかを教えてくれます。私たちが神の御心を見出そうとするなら、聖霊の導きのままに行えばいいのです。ジョン・バニヤンが牢を出てすぐに戻ったのは、確かに神が願われることではなかったからでしょう。ですから、環境が変わっても、聖霊の強い促しによって思いどおりにしなかったのです。

このように、私たちが自分の力でできないとき、聖霊が導かれます。あるときは突然切実な思いを与えることもあり、あるときはしようとする強い勇気を与えることもあります。神は聖霊を遣わされ、その聖霊の導きに従ってご自身の御心を現そうとしておられます。だから、聖霊の導きを求めなければなりません。また、聖霊が願っていることか、その導きを敏感に見分けられなければなりません。

4 環境を通して

使徒パウロが、異邦人宣教のために小アジアに行ったときのことです。小アジアでみことばを伝えようとしましたが、聖霊が止めました。なぜでしょうか。小アジア地域はクリスチャンとローマの地方総督が葛藤をくり広げていたので、福音が伝えられるには効果的でなかったからです。

そこで今度は、ビティニアに行こうとしました。ところが、今度もイエスの霊がそれを許しませんでした。なぜでしょうか。小アジアの北にある高山地域であるビティニアでも、クリスチャンとキリスト教に良くない反感を持っていたローマの地方総督が衝突していたからかもしれません。

何度も道がふさがれてがっかりしているとき、ある夜、使徒パウロは幻を見ます。マケドニア人が、自分のいる所に来て助けてほしいという幻でした。その幻を見たパウロは神の御心がマケドニア人に福音を伝えることであると悟り、その道を進んで宣教活動をしました。

神の霊が許さないと、環境が閉じられるということです。前に開いた門、閉じた門の方法で神の御心を見誤ることがあると述べました。これは、環境が開かれたからといって神の御心が自動的にいつもYesなわけではないということであって、環境が開かれたり閉じられたりすることが神の御心と無関係だという意味ではありません。神は時に、環境を開いて語られます。時には扉を閉じて語られます。明確な事実は、神の御心は周囲に与えられる環境を通して働かれるということです。ただ、環境が開かれたからといって、自動的に神の御心というわけでもないことを覚えておく必要があります。

5　敬虔な信仰の人との交わりを通して

私たちの教会の青年部にいる兄弟の話です。この兄弟は信仰がそれほど深くありませんでしたが、ある日、同じ青年部の姉妹が来て、こう言ったそうです。

「私はたくさん祈るんだけど、昨日、神様が私に語られたの。あなたと結婚しなさいって」

これを聞いた兄弟は、突然葛藤を覚えました。信仰の良い姉妹のほうは、確信をもって答えをいただいたと言うのですが、自分はそのような応答は聞いたこともなかったのでとてもつらいと私に相談に来ました。普段からよく祈る姉妹を尊敬していましたが、結婚までするべきか、それが神の御心か、葛藤していました。

思い悩む兄弟と話をし、私はアドバイスをしました。神が実際に姉妹を通して語られたのかもしれないが、何度か確認する必要があると。だからその兄弟が祈りの中で確信を持つことができるように励ましました。必ず神は御心を示してくださるだろうと。

結局、この兄弟は姉妹との交わりについて熱心に祈りましたが、心に平安がなく、不安が続いたので、その姉妹の思いを受け入れることはできませんでした。

神の御心は、信仰の人への相談を通しても知ることができます。ここで、敬虔な信仰の人という基準があやふやでしょう。信仰の人とは、一言で言えば、本当に自分を良く知っている信仰者のことです。神の御心を求める人々です。

もちろん、注意すべき点があります。相談するにしても、その人々の言うことが絶対的ではないということです。ある人は霊的な体験に重きを置きすぎて、預言する方（人？）に依存します。預言は存在しますが、注意しなければならない部分でもあります。特に、「私が祈ったところ、あなたはこうしなさいって」という言葉には注意しなければなりません。

神は特定の人のためだけに働かれるのではありません。預言はテストしなければなりません。

人の心は悪賢く、間違った受け止め方をしやすいので、確かな神のみことばでテストしなければなりません。

神の御心は、信仰深い、自分をよく知る信仰者との交わりを通して知ることができます。しかし、その人に依存するのではなく、彼らの助言を通して、神の御心を求める知恵と信仰の刺激を受け取らなければなりません。神の御心は自分に対する極めて個人的なものだからです。

6　志を通して

神の御心は、心の願いを通して見出すことができます。神は私たちの心に志を立てさせ、事を行わせてくださると言われます。志というものは、それをしたいという思いがわき上がる状態から出てくる願いです。その志が聖霊の導きによるものであるとき、神の御心になります。

ところが、志が本当に神の御心なのか、あるいはそれをしたいという自分の思いなのか、わからないときがあります。ある人は、志を無条件に悪いものだと考えます。無条件に御心ではないと考える場合もあります。

本当に重要なことは、志が何なのか、願いは何かに対する確認です。神は時に、ご自分の御心を、私たちの願いとして心に植えられます。その願いは情熱となり、人生を動かすこともあります。ですから、神が私たちのうちに語られることは何かをよく見て、自分を省みなければなりません。神の御心による志は、時間が経っても冷めません。強く心を引かれ、確信が加わります。そのような願いが心から湧き上がるなら、その願いどおりに行えばいいのです。

7 平安を通して

最後に、神の御心を知る方法は、平安です。神の御心を求めるとき、心に平安を与えるのが神の応答でもあります。状況や事情はそうでなくても、神がくださる平安が心を満たすとき、神が導いておられることを告白することができます。

ある場合は、自分が置かれた困難のために祈っている中で、平安という応答を得たけれども、それによって周囲の人を苦しめる応答があります。他の人はみなつらくて、自分は平安なら、果たしてその平安は神が下さった平安でしょうか。

神の御心は良いものです。祝福するものです。ですから、平安を通して神の御心を知るなら、結局、すべてのことが働いて益となる結果を出さなければなりません。自分だけ平安な応答は、もう一度振り返って神に尋ねるべきです。

神の御心を知る方法は、この七つ以外にもいろいろあるでしょう。しかし、重要なことは、神がいろいろなチャンネルを通して、ご自分の御心を語っておられるということです。ですから私たちもまた、さまざまなチャンネルで神に近づく必要があります。

また、神の御心は確認し続けなければなりません。自分の人生の中で語られますが、環境を通して語られるなら、二度、三度、確認しなければなりません。私たちはあまりにも弱い存在なので、確認し、また確認して確証していかなければなりません。その過程を通して、神との交わりが深まり、もっと神を知り、信仰が育ちます。神はその姿勢を願っておられるのです。

神の御心を悟る人

ある寒い冬の日。ジョージ・ミュラー牧師は冷たい床に座って神に切実に祈っていました。

「主よ、今すぐにお金が必要です。そうでなければ、この孤児院の子どもたちは、寒い冬に冷たい床で寝なければなりません」

本当に切実に祈っていたジョージ・ミュラー牧師、実は、まったくお金がなかったのではありません。冬を過ごす程度のお金はありましたが、神はそのお金の使い道を別のことに決めておられました。彼は神の御心どおりに事を行い、財布が空になって祈っているところでした。

ところが、祈りを終えて出てくると、一人の人がジョージ・ミュラー牧師を訪ねて来ました。顔も知らないその人は、牧師に高額な小切手を差し出しました。その人が言うには、お金を手に入れたのだが、祈っていると何度もジョージ・ミュラー牧師にお金を持っていくようにという思いが生じたというのです。

「先生、この志が何度も生じたので、私はお金を持って訪ねて来ました」

ジョージ・ミュラー牧師は、その場でお金を受け取ってひざまずき、神に感謝の祈りをささげました。

〝五万回以上祈りが答えられた〟と言われるジョージ・ミュラー牧師、人々は彼の話を聞くと、とても羨ましがりました。どうすればそんなに応答してもらえるのか。それは何か特別な方法があったのではなく、神の御心をよく知って、そのとおりに行ったからでした。神の御心に合う祈りが答えられるのは、当然のことです。

では、応答される祈りの達人、ジョージ・ミュラー牧師はどうやって神の御心を見極めたのでしょうか。彼は自分で、自分がとても足りない存在であると語っています。

「……真心を込めて、そして忍耐づよく神の御心が何であるのかを知ることを求めた場合、聖霊の促しと聖書に従って、正しく導かれなかったことは一度もありませんでした。しかし神の御前で心の正直さと誠実さが欠けているとき、あるいは生ける神の言葉よりも他のクリスチャンの助言を尊重したとき、私は過ちに陥ってしまったのです」（『祈りの力』ジョージ・ミュラー著、マルコーシュ翻訳委員会訳、マルコーシュ・パブリケーション、一九九三年）

神が私たちにすでに語り、時間も下さったのに、私たちが考えなかったために神の御心を見逃してしまうことがあります。また、神の御心を知りたいと祈り、求め、神の御心通りに生きようとするとき、最も良いことを教えてくださいますが、瞬間的に「私が求めたことのような気もするけど、もしかしたら神の御心を見逃してしまったのではないだろうか」と不安になり、心配することもあります。しかし、そのような心配のゆえに神の御心を行うことをためらわないでください。たとえそのような失敗をしたとしても、神の御心を見極めようとする切実な思いが確かなら、神は私たちの足りなさや弱くて知恵深くない部分までも働かせて益としてくださることは確かだからです。

くり返しますが、重要なことは神の御心に対する自分の思いです。神の御心が何かわからないから曖昧なのではありません。神の御心に対する自分の思いが曖昧なだけです。私たちに対する神の御心は、何よりも明確で透明で確実です。

10 信仰によって生きる人生とは

信仰は歯ブラシと同じ？

東南アジアでは、象をペットとして飼います。五・七トンにもなる巨大な動物を、どうやってペットとして飼うのでしょうか。不可能にも思えます。けれども、巨大な象を調教するために幼い頃からおかしな信仰（？）を植え付けるそうです。体が小さいときに足に鎖をはめると、幼い象は、自分は決して鎖を切って逃げることはできないという信仰を持つといいます。その信仰によって、大きな象になったときも相変わらず逃げず、おとなしく育つというのです。

ところが、そのような信仰を壊す出来事があったそうです。ある日、動物園から象が鎖を切って逃げ出し、地域一帯を荒れ地にしてしまいました。しばらくの間、交通が麻痺し、人々は逃げ出しました。結局捕まりましたが、人々は、その象がいったいどのように脱走したのか気になりました。すると、調教師が説明しました。その象は青年でしたが、疾風怒濤の年頃だけに、あちこち動いているうちに鎖が重い体に耐えられずに切れて、ついに脱出まで敢行したというのです。この出来事の後、専門家たちはこのような心配をしました。

「これからこの象を調教するのは難しいだろう。自分は鎖も断ち切ることができる象だという新しい信仰が生じたからだ」

信仰は、象の人生を変えました。新しい信仰が生じた象は、ほかの象とは違う一生を生きるでしょう。自分が経験して体得した信仰を、ほかの象にどんなに話しても、その象たちは鎖を切った象のように生きることはできません。直接、経験していないからです。

「信仰は歯ブラシのようだ。歯ブラシは毎日使うものであり、自分のだけを使う。他人のものを使ってはいけない」ということばがあります。正しいことばです。毎日使う歯ブラシ、他人のものを使えない歯ブラシのように、信仰は自分のものだけが確実な信仰だといえます。

よく「あの人は信仰が良い」と言います。信仰が良いという基準はどこにありますか。ほとんどの場合、最初は確信のある言葉遣い、毅然とした表情など、目に見える部分を見て、信仰の有無を判断したりします。だから確信に満ちていない言葉遣いや、ぼんやりした表情では、その人に信仰があるかないか、曖昧になります。

ところで、果たしてそうでしょうか。後の結果を見ると、そのような先入観が間違っていることがあります。あまり信仰があるように見えなかったのに、最後まで信仰を守って神から与えられた使命を果たすこともあり、あの人は決して揺るがない信仰を持っているだろうと思っても、いくらも経たないうちに試みに会って、さまよう様子を見たりもします。結局、信仰は見た目に現れるものでは知ることができません。他人が判断する問題ではありません。信仰は自分自身で決定し、決断するところから始まり、終わります。周囲の環境は自分の信仰とは別に関係ありません。完全に自分自身に送られるメッセージが、信仰なのです。

信仰とは何か

「私はあなたを信じている」

「神様、こういうふうにしてくださると信じます」

「主よ、主が私に良い決定を下してくださることを信じて疑いません」

振り返ると、あまりにも頻繁に、また多く信じるという言葉を使っています。一方、信じられないという言葉もよく使います。特に、神を信じて間もない人は、聖書のみことばに対する信仰よりも疑いが先に立ちます。

「先生、私はどうしても神が世界を造ったということを信じられません。信じることができたら、教会に来ます」

個々人の信仰なので、牧師として信仰の注射を打つこともできず、事実上、信仰の前ではお手上げのことがほとんどです。それほど、幼子も簡単に受け入れられるのが信仰であり、博士の学位をいくつも持っている人も受け入れられない、難しいのが信仰です。一方、信じ始めたときはとても簡単なのが信仰で、信じられないときはとても難しいのが信仰でもあります。ですから、信仰に対する基準をはっきりさせなければいけません。

信仰の辞書的意味は、ある事実や人を信じる心です。ところで、信仰には意志が必要です。だから難しいものでもあります。

聖書は、信仰をとても重要としています。信仰、希望、愛のうち、第一は愛だと言っていますが、愛の土台は信仰でなければなりません。恋人同士でも、信じる気持ちがなければ愛の感情が芽生えません。いいえ、仮に愛する感情があったとしても、続きません。互いに対する信じる思いと信頼は、関係を強める力となります。神を愛するようになるのも、神に対する信仰から始まります。

イエスも信仰について何度も強調しました。大波を見て恐れる弟子たちに向かって「なぜこわがるのか。信仰の薄い者たちだ」と叱りました。信仰さえあれば、大波など何ともないはずなのに、信仰がなくて、大げさに騒ぐ弟子たちに対する残念さを表現されたのです。

それだけでなく「もし、からし種ほどの信仰があったら、この山に、『ここからあそこに移れ』と言えば移るのです」と言われました。からし種は目に見えないほど小さな種にすぎません。からし種ほどの信仰という表現には、それくらい小さな信仰でもあるなら、その信仰を通して大きなことをなされるという主の御心が込められています。

主イエスは、この地で福音の働きをしている中で、出会う人々に信仰を強調されました。信仰は神を喜ばせると言い、義人は信仰によって生きると言われました。信仰が自分を救うと言われ、信仰によって求めなさいと言われました。

このような信仰のみことばに接して、私たちは、信仰を持たなければ、信仰の強い人になろうと決心します。しかし、主がみことばを通して信仰を強調した理由は別にあります。それは、信仰の対象がだれであるかを確実に知りなさいという意味です。信仰の質的水準は、信仰の対象にかかっています。つまり、持っている信仰がだれに対する信仰か、その信仰の対象が信仰の質的水準を決定するということです。

信仰の基準が曖昧だとされる原因は、まさにここにあります。信仰生活において、「私はどれくらい深い信仰を持っているだろう」「果たして信仰に満ちているだろうか」という考えにとらわれることがあります。どれほど強い信仰の持ち主かという考えに陥ることもあります。しかし、それはともすれば偽善者、つまり、人に見せるための信仰になることがあります。

神は、だれに対する信仰であるかを最も重要としています。信仰の深さも重要ですが、信仰の対象が神なのか、あるいは神を信じると決心している自分自身なのか、鋭く見る必要があります。

信仰に対する明確な定義を下した聖句があります。

さて、信仰は、望んでいることを保証し、目に見えないものを確信させるものです。

（ヘブル11・1）

望んでいることが叶ったかのように考えるのが信仰であり、見えないものを確実に握っているのが信仰です。まことに難しく、大変です。私たちは、目にはっきりと見えるものでも何度も確認してから信じるのに、聖書が語る信仰は、見えず、望んでいることだけを信じることが真の信仰だと定義しています。

神はそのような信仰を願っておられます。そのような信仰を願う神に対する信仰を持つことが重要です。神は信仰に対する定義を明確にされました。受け入れる人々が信仰の対象を明確にしないから曖昧になるだけです。

信仰は神との関係から出てきます。神を知ることです。神との交わりを通して信仰の対象である神を信頼することが信仰です。

私に信仰があるか？

「先生、私の信仰はふらふらしています。ある時は信仰があるようでも、ある時は全く神様を信じられません。私には信仰がないのでしょうか」

　こういった相談をする方々がかなりいます。一度生じた信仰が最後までずっとあればいいのですが、そうできないのが現実です。

　このようにさまよっているのに、いわゆる信仰が良いと人々の口に上る方々を見ると、言いようのない羨ましさと嫉妬を感じることがあるでしょう。雨が降ろうと、雪が降ろうと、早天祈禱会を一度も休まない方、日曜日であれば何があっても一日中教会で奉仕する方、忠実な働き人という肩書をもち教会のあらゆる働きをする方々を見て、信仰の良い人だと多くの人が考えます。そのような人々と自分を比べると、自分の信仰は取るに足りなく、低く思えて自分を責める思いになったりもします。しかし、果たして、私たちの基準で見た信仰が、神の基準でも良いものか、考えてみる必要があります。

　ある教会の女性リーダーがいました。その方は数十年間神を信じ、ただの一度も乱れた姿を見せたことがありませんでした。毎週日曜日は一日中女性会の奉仕、聖歌隊の奉仕をし、教会建築の際には先頭に立って建築献金をしました。聖徒たちは彼女を信仰的ロールモデルとしていました。彼女もまた、人々に信仰が良いと言われるとき、否定しませんでした。自分がどれほど神を愛しているか、どれほど祝福されているか、喜んで証しをしていました。

　ところが、その女性リーダーが突然の事故でＩＣＵに入ることになりました。聖徒たちはびっくりして祈禱会を開き、彼女は病室で死と戦いました。そして二日後、劇的に目を覚ましました。やはり信仰の良い人だから神が生かしてくださったと皆喜びましたが、実際に死の入り口から戻って来た女性リーダーは、とめどなく泣いて悔い改めました。

この方は、生死の境目でイエスに出会いました。自分がもう天国に行かなければならないのが悔しかった彼女は、自分がどれほど教会に忠実だったか、強い信仰を持っていたか、弁明しました。すると、じっと話を聞いていたイエスが、ご自分の胸を見せてくださったそうです。

「ああ、イエスさま、なぜ胸に釘の跡があるのですか」

そう尋ねると、イエスは答えました。

「あなたが釘を打った跡だ」

「ええ、私がですって。主よ、私は教会の奉仕もたくさんしたし、信仰に満ちた生活をしていましたが」

「あなたは人に良く思われようとしてやったのであって、わたしには信仰を見せてくれなかった。わたしを信じるのではなく、あなた自身の奉仕、あなた自身の証しを信じるたびに、わたしはこうして傷つけられた」

そのことばを聞いた女性は、その場でひれ伏して悔い改めの祈りをささげたと言います。そして目を覚ました後、彼女は以前のように熱心に信仰生活をしましたが、変わった点がありました。より深く祈り、神との交わりにおいて大きく成長しました。

信仰は私たちの知識の中ではなく、生活の中に現れるものです。現実の中で現れるべきものです。多くの場合、私たちは信仰があると言いながらも、いざ世の中を生きるとき、信仰だけでは生きていけないことを自ら認めます。

初めは、信仰の大切さを否定する人はだれもいません。神が下さったものに対して心が熱くもなり、神が下さったビジョンに向かって夢を見て、信仰によって生きたいという切実な思いにもなります。ところが、いざ世に出て生活していると、すぐに壁にぶつかります。時間が経つにつれて自分の力ではできない弱さが見え、もどかしく、理解できない部分も生じます。

「そうだ。この世は信仰だけでは生きていけないんだった。神様、ちょっと待ってください。世の中の環境をもうちょっと把握してから信じますから」

信仰だけで生きるには、世の中があまりにも険しく、索漠としていると考えます。その時から、私たちはあれやこれや握りしめ始めます。目に見えるもの、自分に与えられたもの、人々の理解や判断に心を向け始めます。冷たい現実と環境の変化、問題や失敗の責任が自分を動かし始めます。そのうち、信仰だけで生きることができず、仕方がないと世と妥協して生きるようになります。いつの間にか、神が下さった信仰をしまいこんで、教会に来ては信仰に従って生き、世に出ては世の方法に従って生きるのです。

これが果たして信仰に従って生きる姿でしょうか。違います。信仰に中間がないように、信じることにも中間はありません。世と神の国のうち、どちらかを選択するのが信仰です。神のみことばには中間がありません。はい、あるいは、いいえがあるだけです。みことばにははっきりとした答えがあるように、信仰に中間があってはいけません。預言者エリヤがイスラエルの民に、神かバアルか、どちらか一つに従うことを勧めたように、信仰もまた決断が必要です。

コリント人への手紙第二5章7節は、信仰によって生きるとは何か、語っています。「私たちは見えるものによらず、信仰によって歩んでいます」このみことばの英語訳は「live not by sight but by faith」です。つまり、目に見えるものによって生きるのではなく、信仰によって生きるという意味です。

もうずいぶん前、伝道師時代の話です。説教をするためにある大学の集会に行きました。伝道師の草創期で、霊的にとても熱かった時です。

その時、ローマ人への手紙12章1節のみことばを通して、私たちがどのように変えられた人生を生きるべきか、唾を飛ばしながら熱弁を振るって、パワフルな説教を終えたことを覚えています。説教を終えて壇上から降りると、一人の姉妹が泣きながら私と話したいと言いました。一瞬、満ち足りた思いになり、聖霊が働いてくださったのだと思いました。道理でみことばがよく説き明かされたと思ったんだ、こんなに泣くほど恵まれた人々が続出していることに、大変だった思いも洗い流される気分でした。

「先生、今日のメッセージとても恵まれました」と告白すると思っていたのに、私を見るなり、その姉妹の口から出た最初の言葉は予想外なものでした。

「先生、どうして私たちはそんなふうに生きなければならないのでしょうか」

「ええ？」

びっくりして聞き返しました。一言目から私を非難するような調子で、なぜそのように生きなければならないのかと聞いているのでした。姉妹は言葉を続けました。

「どうしてあんなに難しいメッセージを語って、私の人生をつらくさせるんですか。先生は変えられた人生を生きなさいと言われたでしょう。どうしてそんな大変なことを注文されるんですか」

一瞬、大きな衝撃を受けました。その姉妹の言葉は、経験もなく、情熱だけあふれている伝道師の気をくじくには十分でした。当時、伝道師として説教をし始めてからいくらも経っておらず、ビリー・グラハム牧師のように説教さえすれば、だれでも悔い改めて恵まれると思っていましたが、かえって説教者に非難を浴びせる姉妹に会って、じっと立っていることすらつらいほどでした。

姉妹は言うことをすべて言って帰って行き、私は一週間、飲み食いも忘れて神に祈りました。

「神様、こんなことになるなんて思いませんでした。福音を語れば、聖霊が働かれてみんな喜ぶと思っていました。私が伝える福音のメッセージを受け取って傷つき、むしろ嫌がって立ち向かって来る人がいます。私も人間ですから、良い話をしてあげたいです。何のために人々を苦しめることを語らなければならないのですか。福音を語れば人々がみなひれ伏して、福音の前で目を覚ますと思っていたのに、むしろなぜこんな狭い道を歩まなきゃいけないのかと非難されなければならないのですか」

一週間、私のやりきれない思いを吐露して、答えをくださいと祈りました。そのとき、私の悩みを聞いた先輩牧師が、私をつかまえてこんな話をしてくれました。

「ジン先生、福音とはそういうものです。ステパノはみことばを伝え、殉教したじゃないですか。パウロがみことばを証ししたとき、人々は彼を迫害しました。もともと福音を伝えるということは、広い道を歩むことではなく、狭い道を歩むことです。死をも顧みない信仰があるから、可能なんです。目に見えるままに生きるのではなく、見えないものに向かう信仰、神に対する信仰だけ考えなさい」

そのとき、心に大きな悟りを得ました。教会に来て良い説教を聞き、良い賛美を歌うことで気分が良くなり、信仰が育ちます。しかし、本当に熾烈な人生の現場、家庭、職場、人間関係の中で現れる信仰が、本物の信仰だと悟ったのです。聖徒たちが不満を言うからといって、耳触りの良いみことばだけを語るのが本物の信仰ではありません。その日以降、私もまた本物の信仰についてより強力に説教をし、たとえ気まずい思いをしても福音に関する強いメッセージを伝えることができました。

私たちはとても簡単に信仰があると言います。しかし、実生活を顧みると、不都合な状況になるとすぐに信仰を捨ててしまいます。地下鉄に乗っているとき、聖書が読みたくて取り出したのに、人々が見ているようでそっとカバンにしまい、人と一緒に外食するとき、自分一人だけ祈ることがきまり悪くて、箸を手に取るふりをしたり、お椀のふたを取るふりをしながらこっそり目を閉じて「神様、アーメン」というのは、本物の信仰ではありません。

神は本物の信仰をもって生きることを願っておられます。本物の信仰は、教会ではなく日常生活でも、見えない中でも神との関係に対する信仰を確かにする姿を願われます。私たちが信じるのは、目に見えるものではなく、見えなくても信仰の対象である神です。

信仰によって生きる三つの方法

では、どうすれば信仰によって生きることができるのでしょうか。目に見えるものに従って生きるのではなく、信仰によって生きる人生となるためには、三つのことを覚えなければなりません。神が善であることを握りしめること、神の全能を制限しないこと、神のみことばをそのまま行うことです。逆に考えれば、信仰によって生きられない人生とは、神の力を自分の思いどおりに制限することであり、みことばどおり行わず、善なる神を受け入れないことです。実際、信仰が攻撃されると、まず神に対する疑いが生じます。しかし、私たちがいつも祈りに使う修飾語のように、神は全知全能の方であり、良い御心を行う方です。そのとおりにただ信じていれば、信仰に従って生きる人生となります。

1　神が善であることを堅く握りしめること

自分が本当に信仰によって生きているか知りたいなら、特別な方法を探す必要はありません。絶えずやってくる問題の中で、その問題を見る自分の姿勢について考えればいいのです。

ある女性の話です。幼い頃から信仰生活を歩んできた彼女は、特別な困難もなく生活し、暮らしぶりや、結婚に至るまで平坦な人生を歩みました。本人自ら、信仰によって生きるために、それなりに悩み、聖霊の満たしも経験し、教会で奉仕も続けながら、信仰の中で生きているという自信がありました。そんな彼女でしたが、突然、試練がやってきました。七年間、不妊クリニックに通い、祈って与えられた子どもを大変愛して大切に育て、順調だったときに、急にその子が天国に召されてしまったのです。持病があったわけでもなく、ある日突然倒れた子どもは、そのまま意識を取り戻すことはなく、彼女は絶望しました。

生まれてからその時まで神を愛して忠実でしたが、子どもの死というあまりにも大きな衝撃が彼女をひどく揺るがしました。神はいるのか、毎日泣き叫びました。なぜ自分にこのような苦痛を与えるのか、恨みました。二度と神の顔を見るのは嫌だと大声で泣きました。

神は黙っていました。毎週欠かさなかった教会に数か月も行かず、もう神に頼って生きることはしないと決めました。子どもがいなくなった日々は地獄のようでした。日ごとにやせ衰え、そうでなくても弱い体に異常が生じましたが、子どもを失った悲しみに比べれば何でもないと考えていました。彼女を愛する人々は、信仰から遠ざかって行く姿を残念に思って胸を痛めました。時間が経てば痛みも忘れるかもと考えましたが、おかしなことに時間が経てば経つほど、心の中の空虚さは大きくなるばかりでした。特に神を遠ざける自分が不快で、耐えることができませんでした。そんなある日でした。もどかしい思いのまま聖書を開いてみことばを読んでいると、一つのみことばが胸に迫って深く突き刺さりました。

わたしの思いは、あなたがたの思いと異なり、あなたがたの道は、わたしの道と異なるからだ。――主のことば――天が地よりも高いように、わたしの道は、あなたがたの道よりも高く、わたしの思いは、あなたがたの思いよりも高い。（イザヤ55・8―9）

死にたくなるような試練の前で倒れていた自分の姿に、悔い改めが注がれました。あんなに信仰の人として生きると誓ったのに、子どもの問題でこんな崩れるなんて、果たして信仰に従って生きていたのか、顧みるようになったのです。そして、もう一つ思い出したみことばがありました。

神を愛する人たち、すなわち、神のご計画にしたがって召された人たちのためには、すべてのことがともに働いて益となることを、私たちは知っています。（ローマ８・28）

普段、自分が好きだったみことばが思い出され、心の中に確信が生じました。今の試練は必ず益としようとする神の御心であると。彼女はこの暴風をこのように過ごし、今はとても立派な家庭の母、ビジョンを実践している女性として生きています。

信仰のテストはつらくて問題があるときにやって来ます。今の話のように、突然起こった問題の前では、だれでも揺るがされます。普段どんなに信仰によって生きているといっても、試練が来ると真っ先に「神は本当に私を愛しているのか。神は本当に私とともにおられるのか。神は本当に私に良いものを与えたいと願っているのか」神が善であることを疑い始めます。

本物の信仰は、神が善であることをギュッと握りしめます。どんな状況や困難が来ても揺らぎません。たとえ今は暗いトンネルの中を通っているようでも、最も良いものとして与えたいと願っておられる神を信じているので、待つことができます。再び望みを持ち、勇気をもって立ち上がれるのも、神が善であることを握りしめているからです。

私たちが失敗しやすいのは、口では神が善であることを信じると言いながら、現実的にその御手を握れないことです。

よく知られている話に、断崖から落ちて、かろうじて一本の枝を握ってぶらさがっている人の話があります。青年は枝に体を任せたまま、空に向かって叫びます。だれかいるなら、自分を助けてほしいと。そのとき、上から神の声が聞こえてきます。

「わたしが助けようか？」

「はい。助けてください」

「そうか。わたしが一番良いものをあなたにあげると信じているだろう？」

「もちろん、当然です」

「それなら、今握っている手を放しなさい。わたしが下で支えてあげるから」

青年はじっくり考えてから、空に向かって叫びます。

「……だれか、ほかの人はいませんか？」

私たちの信仰がこのようでないか、点検しなければなりません。神が善であることを語りながら、少し問題が生じても、少しの困難でも、揺るがされてしまう信仰です。本物の信仰は目に見えるものがなくても、手に握っているものがなくても、神が善であることを信じて世の綱を手放すことです。一番良いものを与えたいと願われる、神の善を信じなければなりません。

2　どんな状況でも神の全能を認めること

ナオミという女性がいました。彼女はベツレヘムに住んでいましたが、飢饉になるとモアブに移り住みました。モアブに行く前、ナオミには夫がおり、子どももいました。ところが、飢饉のために約束の地を離れてモアブで暮らしている間に、最も大切なものを失いました。夫も失い、二人の息子も失ったのです。彼女に残ったのはモアブで迎えた二人の嫁だけでした。結局、嫁のオルパは自分の故郷へ帰り、ナオミは姑について行くという嫁のルツとともに、故郷であるベツレヘムに戻りました。一番弱い者として戻ってきたわけです。人々がナオミを迎えて名を呼ぶと、彼女は彼らにこう言いました。

私は出て行くときは満ち足りていましたが、主は私を素手で帰されました。どうして私をナオミと呼ぶのですか。主が私を卑しくし、全能者が私を辛い目にあわせられたというのに。

（ルツ1・21）

この告白は、拠り所がなくなった自分を見て、神に不平を言う内容です。しかし、この不平の中でも全能の神の御手が自分を打ったことを告白しています。全能の神の御手が自分を打ったということは、自分の状況が偶然ではなく、神の計画だったと告白することです。神の全能を自分の思いで制限しないことです。

信仰はこのようなものです。何でも可能にする神の全能に限界を作ってはいけません。普段人々の前でする会衆の祈りは「全能なる神様」で始まることがあります。使徒信条もまた「我は天地の造り主、全能の父なる神を信ず」と始まるので、習慣的に出てくる修飾語かもしれません。全知全能の神に栄光をささげる意図かもしれません。とにかく、私たちは全能の神を習慣的であれ、心からであれ、語っているのです。

聖書は神について、全能の方であると表現しています。無から有を創造した方、天地をことばで造った方、最悪のものも最善のものに変える方だからです。

ところが私たちは、全能の神を口で語りながら、実際にはその能力を制限することが多くあります。自分が持っているものを見て、果たして神は私が持っているもので何ができるのかと心配します。ことばで世を造り、無から有を創造された神にできないことはありませんが、自分のためにはこれくらいならできるだろう、それ以上はできないだろうと判断してしまいます。

もう一つ誤解していることがあります。自分にとって良いことがあると全能の神に感謝し、そうではない状況になったなら、全能の神は絶対に働かれなかったと考えることです。それは全能の神に対する誤解です。私たちの願うことを成し遂げるのが全能なのではありません。全能は、病気を直したり、困難な会社を立ち直らせたり、物質の問題を解決したりすることだけを意味するのではありません。神の全能は、自分が願うことがかなうようにするものではなく、神の願うことを成し遂げる能力を意味します。

モーセがイスラエルの民を連れて、奴隷として暮らしていたエジプトを脱出したとき、神は海を分けて渡らせ、食物を与えるなどの奇蹟を行われました。しかし、イスラエルの民は神を最後まで信じず、自分の基準で神を評価し、判断しました。挙句の果てに、神を試み、神を痛めたという表現が出て来ます。

痛めたという単語を英語の聖書（英欽定訳）で見ると「Limit」つまり制限したという表現が出て来ます。言い換えると、彼らが聖なる方を制限、線を引いて囲いの中に入れたということです。それでも全能の神ということができるでしょうか。

神は全能の方です。石からでもアブラハムの子孫を起こすことができると言われました。実際に周囲を見渡すと、びっくりすることがあります。全く変わりそうもなかった人が一瞬で変わるみわざを見ることもあるし、だれもが不可能だと思っていたことが、ある瞬間、突然すべて解決するという経験もします。神のみわざとしか説明できないことが、今、この瞬間もたくさん起こっています。

私もまた、一瞬、一瞬、そのような体験をします。ごく些細なことのようでも、とても恵まれた経験です。説教の準備をしようとみことばの黙想をしていると、一つの単語がのどにひっかかることがあります。普段から何度も読み、よく使う単語でしたが、その日感じられた意味は全く違いました。全能の神が本当に肌で感じられます。

このように、神のみわざは私たちの考えとは違い、時間や空間を超越しています。私たちの状況や事情も超越しています。多くの人々が、握りしめている物質、人、未来、子どもなどを頼りと考えていますが、実際には絶えず揺らぎ、不安になります。私たちの力や知恵で永遠なものは何もありません。信仰によって生きるためには、単語一つを通しても宇宙に対する御心を現す神の力を制限してはいけません。神を神とし、人生の扉を開いて神が働かれる空間を作ることが本当に信仰によって生きることです。

3　みことばどおり行うこと

ある教会がありました。ある日、すぐ隣に居酒屋ができました。突然居酒屋ができたので、毎晩大声が聞こえ、環境が悪くなったなんてものではありませんでした。そこで、牧師をはじめとして信徒たちが心を合わせて祈り始めました。居酒屋がほかの場所に移転するようにしてくださいと祈ったのです。すると、実際にいくらも経たずにその居酒屋は経営が困難になって、結局、店を閉じました。信徒たちにとってはハレルヤでした。

ところが、しばらくして居酒屋の主人が、信徒と牧師が一緒に祈ったという事実を知りました。それを知った主人は、牧師と信徒を訴えました。ついには原告と被告として法廷に立った居酒屋の主人と牧師と信徒たち。この困難な状況で、裁判官が居酒屋の主人に尋ねました。

「教会が居酒屋をつぶしたという証拠がありますか」

「はい。あの人たちが、居酒屋が移転するようにと祈ったそうです。どういうことでしょうか。つぶしてほしいという祈りではありませんか」

それを聞いた裁判官が牧師に聞きました。

「この人の言ったことは事実ですか」

すると、牧師が泰然として答えました。

「はい、私たちは移転するようにと祈りはしましたが……。だからといって、判事さん、本当にその祈りのせいでつぶれたはずはないじゃないですか」

これを聞いていた裁判官が言いました。

「信徒の信仰より、居酒屋の主人の信仰のほうが強いですね」

聖書で信仰に関する聖句を探すと、さまざまなみことばが出てきます。その中に「同じように、信仰も行いが伴わないなら、それだけでは死んだものです」(ヤコブ2・17)というみことばがあります。口では信じると言いながら、信仰どおりに行わないなら、それ自体役に立たないという指摘です。居酒屋を移転させてほしいと祈ったときには、「あなたがたは、信じて祈り求めるものは何でも受けることになります」というみことばに依り頼んだはずです。その意志を最後まで持つべきでした。しかし、みことばどおりに最後まで行わなかったので、判事にも、居酒屋の主人にも、その裁判を見ていたすべての人々にも模範となることができませんでした。

私たちには、みことばを土台とする知恵がなければなりません。その知恵とは、行いです。「信仰も行いが伴わないなら、それだけでは死んだものです」というヤコブの手紙のみことばのように、信仰は必ず行いがあって完成します。ですから、神を知らない人々を非難せずとも、彼らに対する、神が下さった信仰の価値観について揺るがない行いがあるとき、世はかえって恐れ、尊重するようになります。

ケニアで教会を開拓していた時のことです。何の基盤もない所に教会を建てることは、信仰なしには不可能なことでした。開拓するすべてのことが、信仰に関することでした。

「いざ教会を開拓するにはしたけれど、聖徒が一人もいなかったらどうしよう」

真っ先に浮かんだ恐れは聖徒がいないことに対する心配でした。聖徒が一人も来ない状況を想像するのはとても怖いことでした。ところが、そうであればあるほど、依り頼むべきは神以外にないという信仰が確固としたものになりました。みことばどおり行うことが、すなわち信仰だという考えが浮かびました。その後、教会を開拓する一瞬、一瞬、みことばに従い、あとは主にゆだねました。するとケニアの教会に、みことばどおり豊かさと祝福を注いでくださいました。

信仰によって生きることは、みことばに依り頼み、みことばどおり行うことです。私たちの価値観の土台はみことばにあります。その価値観は私たちの生活を導く基準となり、ほかの人々に信仰の香りを伝えます。どんな香りを与える人になるかは、自ら選択しなければなりません。

青年たちと話していると、酒の問題で葛藤しているケースが多くあります。このことについて意見が分かれますが、事実、聖書には「酒を飲んではならない」という記述はありません。ただ、「酒に酔ってはいけません」と書いてあるため、クリスチャンは酒を飲んでもいいのか、飲んではいけないのか、甲論乙駁がくり広げられているのが実情です。

ここには二つの問題があります。私たちは自らコントロールできるほど優秀ではないということ、もう一つは私たちのその姿を見て、別のだれかが弱い姿につまずいて傷つくことがあるということです。ですから知恵が必要です。だれかが傷つくという事実を認め、彼らを尊重する思いで、慎重に自制する必要があるということです。

酒に酔ってはいけませんというみことばは、私たちに尊重と知恵を発揮しなさいといっているのと同じです。酒そのものを禁じはしませんが、それを飲むことで得られる否定的効果を遮断しなさいという命令です。尊重することが、自分の信仰を揺るがし、諦めさせるのではありません。むしろ、自分の信仰に対する正しい価値観をもって行うとき、それを通してある人が刺激され、失っていた価値観を回復するみわざが起こります。

酒に酔ってはいけません、という神の命令に従って酒を飲まないと言うと、最初は責められ、冷やかされ、いじめられるでしょうが、彼らは内心震えています。むしろ、クリスチャンであるにもかかわらず、社会に同調するために酒を飲んで酔う人々に対して、面と向かってはいいことを言っても、裏では「見せかけだけの信者」だと考えています。

酒に関する問題だけではありません。ほかのすべての問題についても同じです。

どんな鳥になるか

二羽の鳥がいました。一羽はハミングバードと言われるハチドリで、もう一羽はアホウドリです。ハチドリは世界で一番小さな鳥の一種で、全長六センチしかないそうです。ですからこの鳥はとても忙しく、いじらしく生きています。この鳥は主食である花の蜜を吸うためにホバリングしなければならず、そのために羽ばたきをします。その羽ばたきはとても速くて一秒に約五十回から七十回くらい、どんなに性能の良いデジタルカメラでも羽の速さを捉えることはできないと言います。このようにきつい生活なので、平均寿命は四年ほどしかありません。

もう一羽の鳥はアホウドリです。中でもワタリアホウドリは現存する中で最も大きな海鳥です。全長百二十センチにもなり、翼を広げると、実に三・五メートルにもなるといいますから、長く飛べるのも特別なことではありません。ワタリアホウドリは一番遠く、また一番長く飛んで、長く生きます。平均寿命は三十年ですが、五十年以上生きる場合もあるそうです。

アホウドリはどうしてこんなに長生きできるのでしょうか。この鳥について研究がされました。その結果、長寿の秘訣は飛行法にあるそうです。この鳥は強い風を好み、風が強く吹くとその風に向かって方向を変え、舞い上がります。そして大きな翼を広げると、少しずつ下降して飛行するのです。まるでハンググライダーのように。一定方向に吹く海風を利用し、一度も羽ばたかずに数キロを飛ぶこともあると言います。飛ぶときに消費するエネルギーのほとんどは風を利用しており、実際の羽ばたきはほんのわずかにすぎないそうです。ハチドリが一秒に五十〜七十回、必死に羽ばたき、エネルギーを消耗するのに比べれば、ワタリアホウドリがなぜ高く飛び、長生きするかよくわかります。

この鳥の別名をだれかがつけたそうです。信じるの信、空の天、老人の翁、つまり信天翁《しんてんおう》、天を信じて飛ぶ老人という意味です。

クリスチャンの人生はアホウドリのような人生であるべきです。目に見えるものだけを握りしめるために絶えず羽ばたきするハチドリではなく、天を信じて飛ぶ老人の知恵を夢見て、遠く、長く、高く飛ぶ姿を描かなければなりません。アホウドリが天を信じて風に乗って飛ぶように、神が導かれる風に乗って進むのが信仰です。ですから、神が善であること、神の全能、神のみことばを信じなければなりません。

目には見えませんが、私たちが信じるその信仰が人生を前進させます。目に見える環境だけを見て生きる人生は、それ以上発展しません。目に見えないものを信じる本物の信仰の人生は神が善であることを悟らせ、全能を制限しません。結局、その全能が人生のさまざまなチャンネルを通して現れるのです。ですから、信仰は信仰、世は世というふうに生きるのではなく、信仰がそのまま人生に現れなければならないのです。

11 答えられる祈りは何か

祈りの多様なチャンネル

英語で書かれた子どもの祈りから、いくつか紹介します。少女スーの祈りの内容です。

「かみさま、どうせ　わたしの　のぞみが　わかってるんなら　どうして　おいのり　しなけりゃ　ならないの？　でも　あなたが　きぶんいいなら　わたし　するわよ」※1

ロバートという子は、弟がほしくて神に祈りました。

「かみさま　ぼくの　なまえは　ロバートです。ぼく　おとうとが　ほしいの。おかあさんは　おとうさんに　たのめって　いうし、おとうさんは　あなたに　たのめって　いいます。あなたは　できると　おもいますか。がんばってね」※1

テレサという子の祈りです。

「かみさま　みぎの　ほおを　うたれたら、ひだりの　ほおを　さしだせっていうのは　しってますが、もし　ねえさんが　めを　ぶったら　どうするの？」※2

ガイという子は、学校に行くことが嫌だったのか、こう祈りました。

「ゆきが　すごく　つもって、がっこうが　やすみに　なったときのこと　おぼえてますか？
また　あんなふうに　してもらえないかなあ」[※2]

子どもたちの純粋な祈りもありますが、もう一つ、祈りに関する面白い話をしましょう。あ
る若者がカリフォルニアに到着して、海岸を眺めているときでした。信仰の篤いクリスチャン
だった若者は、神が下さった自然に感嘆して、感謝の祈りをささげました。すると、聖霊が感
動したのか声を聞かせてくださいました。

「あなたの信仰に感動したから、願いを一つ聞いてあげよう」

若者はハワイまで行かなければならなかったので、全知全能の力を信じて願いを言いました。

「橋を渡してくださったら、と思います」

カリフォルニアからハワイまで、はるか遠い距離を橋でつないでほしいとは、神も当惑する
ような願いだったでしょう。とにかく、神は再び声を聞かせてくださいました。橋をかけるに
は大工事が必要だから、ほかの願いを言いなさいと。すると、じっくり考えていた若者がこう
言いました。

※1『かみさまへのてがみ　もっと』　※2『かみさまへのてがみ』（ともに、谷川俊太郎訳、サンリオ）

「神様、あります。私は妻の心理がわかるようで、どうしてもわかりません。解決してほしいということなのか、してはならないということなのか、良いことなのか、悪いことなのか、どうしてすぐに心が変わるのか、妻の心理を見通せるようにしてください」

するると聖霊の焦った声が聞こえたそうです。

「ハワイまでの橋は四車線にしようか、八車線にしようか」

この世は広く、人は多く、祈りは多様です。その人ごとにささげる祈りが異なり、時々刻々内容も変化しますから、祈りの種類はどれほど多いでしょうか。中でも、子どもの純粋な祈りは面白くもあり、羨ましくもあります。大人になるということは、世間を知っていくということでもありますが、別の意味では、童心を失うということでもあります。祈るときもそうです。あれこれ計算する大人の祈りとは違い、子どもの祈りは「直球」です。神は不可能なことはない方だから、その力を信じて前後を考えず、自分が信じるそのままを飾らずに祈ります。

あるとき、子どもの純粋な祈りを聖徒たちに紹介しました。皆面白がり、純粋だと言って、子どもたちの純粋な祈りに学ぼうと鼓舞されたようでした。それからしばらく後の祈りの時間です。聖徒たちの祈りがどのように変わったか、内心気になっていました。

ところが、大人が一気に子どものような信仰になるのは無理でした。冗長な修飾語が神様の前に付き、長い祈りの旅路がくり広げられました。そして、最後になって、子どものような純粋な信仰を与えてください、という言葉で締めくくりました。

実際、祈りには上手下手の基準はありません。私たちが作り出した良い祈りの基準という物差しがあるため、祈りが難しくなるだけです。神にささげる祈りは、神の判断にゆだねなければなりません。私たちはただ、心を尽くして祈りをささげればいいのです。

上手な祈り？ 下手な祈り

「ああ、あの執事は本当にお祈りが上手だな。どうしたらあんなに上手に祈れるのか、まるで流れる水のようだ」

教会内でこんな言葉が飛び交います。信仰生活を始めたばかりの人は、どぎまぎしていて礼拝の形式について体感するのは難しいでしょう。そのうち信仰生活の回数が増えると、周囲の環境に目が開かれ、他の人々の祈りも耳に入って来ます。そうすると、ほかの人々の祈りをそれとなく評価し、自分の祈りと比較したりします。

そして自分の祈りの番になるとどうでしょう。心臓がバクバク、ドキドキし、何日も眠れなくなる人もいます。イエスが十字架につけられる前の晩、ゲツセマネで「どうか、この杯をわたしから取り去ってください」（マルコ14・36）と祈ったように、どうかほかの人が祈るようにと、先延ばしにしたりします。どうしてでしょうか。祈りに対するプレッシャーのせいでしょうか。

違います。もちろん、祈りは神との対話なので、どうしても難しい点もありますが、それよりはほかの人々の視線のせいではないか、胸に手を当てて考えてみるべきです。

聖書を見ると、祈りの例が出てきます。パリサイ人の祈りと取税人の祈りがそうです。ある会堂に集まった人々が、パリサイ人と取税人の祈りを聞きます。パリサイ人は、当時の知識人を代表する人で、言わば正統ユダヤ人という選民意識にとらわれた人々でした。一方、取税人は税金を集めていた徴収人で、公然と罪人として扱われていたため、へりくだった心を持っていました。

この二人の祈りが始まりました。まず、パリサイ人は多くの人々の前で願い始めます。人前で祈ることが好きだったようです。

「ああ、神様、私はあの取税人のようではないことを感謝します。私が神様をどれほど愛しているかご存じですか。私は一週間に二度も断食をし、敬虔な信仰の姿を見せています」

聖書に出てくる内容から推し量ると、このパリサイ人は、よく言う、よどみない祈りをする人だったようです。水が流れるように出てくる祈りを聞き、集まった人々は感嘆したかもしれません。しかし、彼の祈りは神に祈っているようでしたが、周囲の人々に聞かせるための祈りでした。

一方、取税人の祈りはどうだったでしょうか。取税人は人々の前に立ちませんでした。人々に聞かせるための祈りでもありませんでした。端のほうに座って一人で祈りました。人々の目につかない場所で、取税人は自分の胸をたたきながら祈りました。天を見上げることもできずに祈りました。

「神様、私をあわれんでください。私は罪人です」

パリサイ人と取税人の祈りの内容は全く違います。では、果たしてどのような祈りをささげるべきでしょうか。マタイの福音書6章7節を見ると、正解があります。「また、祈るとき、異邦人のように、同じことばをただ繰り返してはいけません。彼らは、ことば数が多いことで聞かれると思っているのです」と言われました。

神にささげる祈りに上手下手の基準はありませんが、神が嫌われ、禁じられる祈りはあります。同じことをくどくどとくり返す祈りです。よく意味もわからずに言葉をくり返したり、前後が合わない長い祈りのことです。もとのギリシア語を見ると、もっと正確な意味がわかります。意志を心から素直に表さず、意味もなく、習慣的に単語を何度もくり返して使うことです。パリサイ人の祈りがこのような祈りでした。また、私たちの祈りの生活の姿でもあります。

あるときは、胸がざわつくことがあります。時折、葬儀で「神様、感謝します」という祈りを聞くときがそうです。もちろん、霊的な問題による祈りの中に感謝が出てくることもありますが、そうではないことも多いでしょう。おそらく、習慣的に始まる祈り、合いの手のようにとってつけた「神様、感謝します」が、知らないうちに口から出ていたのかもしれません。実際、私たちは習慣的なことばで祈りを始めてはいませんか。祈ってはいても、何を言っているのかわからないまま唇だけ動かす祈りをしてはいませんか。

神が禁じられたくどくどとした祈りは、心に率直さがなく、神と対話していないことを指します。習慣的に同じことをくどくどとくり返し、本当の心を語らず、何度も言葉をくり返す祈りを禁じるということです。

祈りの定義、祈りの対象

私たちは神を信じ、生涯、祈りながら生きていきます。それでは、果たして祈りの意味は何でしょうか。一行で表現するなら、神との対話です。英語で表現すれば、Talking with God ということができます。なぜ Talking to God ではなく、Talking with God なのでしょうか。with という表現を使ったのは「〜とともに」という意味を込めるためです。

ある人々は、祈りは神との対話だと言いながら、対話する者としての資格を備えていません。自分の言いたいことだけを言って、急いで終わらせてしまうからです。しかし、祈りは神に話すことではなく、神とともに話し、神と交わることです。だからある人は祈りこそ人間ができる最も高尚な行為だと述べました。被造物が創造主である神と交わり、対話することより、高尚で偉大なことがあるでしょうか。

それなのに時々、祈りをささげる対象について忘れることがあります。幼い頃、真っ暗で街灯もない道を歩くときは、意味もなく声を上げて話をしているようなふりをしていました。自分なりに怖さに勝つための方法でしたが、一人二役で、わざと「え、そうなの?」「そうだよ、ほんとだってば」と、話しながら歩いていました。一人ではなく二人いるというふりをすれば、悪い人に襲われないと考えたからです。

対象を忘れた祈りも、これと同じではないでしょうか。神がいない状態で、漠然と意味のない祈りの対象に対して祈る祈りは、自分一人で話して自分一人で答えるのと同じです。また、神に向く祈りをささげても、その対象について勘違いをしているという点で、祈りに問題が生じます。

ある人々は、まるで祈りを受け取る神が、サンタクロースのようだと考えます。実際、私たちがサンタクロースに関心を持つのは、このおじいさん自身にではなく、彼がくれるプレゼントに対する関心ではないでしょうか。クリスマスにサンタクロースがなぜプレゼントをくれるのか、人々はその意味には関心を持ちません。どんなプレゼントが入っているかに全神経を集中させて、プレゼントを開けるだけです。

祈りの対象をサンタクロースだと考えるのも同じです。私たちは神より神がくださるプレゼントに関心を持ちます。すると、どうすればもっと良いプレゼントを受け取れるか、必死になります。「神様、これもしてください。あれもください。あの執事にはあげるのに、どうして私にはくださらないのですか?」まるで、何か預けてあるものを渡せと言っているような祈りを聞いていると、不愉快な気持ちになります。

また、ある人は良いことをすればサンタクロースがプレゼントをくれるという幼児的マインドで祈ります。「神様、私はあれをしたじゃないですか。だからこのくらいのプレゼントはくれてもいいと思います」こんなプレゼント要求型の祈りをささげます。特に、韓国のクリスチャンの信仰が、情熱的であることを越えて戦闘的であることを勘案するとき、プレゼントに対する要求は強いようです。一生懸命に取り組み、絶対に受け取るんだという意志に燃えるあまり、山祈禱、徹夜祈禱を問わず、「ください」という祈りだけたっぷりして降りてきます。

しかし、祈りは神に戦いを挑むのではありません。サンタクロースからプレゼントを受け取るために祈るものであってはいけません。重要なのは、祈りを受け取る神に対する信仰です。

祈りを受け取る対象についての間違った理解で別のケースは、神が安楽椅子に座って揺れる老紳士のようだと考えることです。幼い頃、珍しかった安楽椅子に何かの機会に座ることがありましたが、とても楽ちんでした。ゆらゆらと椅子を動かしていると自然と眠くなるので、記憶の中で揺り椅子は眠る椅子だと考えていました。

ある人々は祈りを受け取る神を、まるで安楽椅子に座ってこくりこくりと眠る老紳士のように考えます。多くの人々の祈りを聞くのだから、どれほど大変だろうか、どれほど疲れるだろうか。だから椅子に座ってしばらく休み、うたた寝することもあると考えます。そうなると、祈るとき、その神を起こさなければならないという歴史的使命を帯びて祈ることがあります。「神様、私の祈りを聞いてください。私の祈りが神の御座を揺らすようにしてください」力いっぱい祈るのを聞いていると、まるで眠っている神様を起こしているように思えて仕方ありません。このような祈りをささげる方々を見ると、神を揺すって起こすことが、力のある祈りだと考えているようです。

また、ある人は、祈りを受け取る神を「アラジンと魔法のランプ」に出てくる魔人ジーニーのように考えています。ランプから出てきて、何でも願いをかなえてくれる万能の薬のような存在だと考えるのです。祈りを受け取る対象がジーニーのようだと考えることもまた、「祈れば全部大丈夫。だめなのは祈らないからだ」ということです。もちろん、神は祈りを通して働く方ですが、自分が願うことを告げてそのとおりになるようにというのは、神の御心ではありません。神をジーニーのように考えることは、自分が願うとおりにしてくれると考えているということです。しかし、神の御心は、神が計画されたとおりに働かせて益とすることです。私たちの計画とは全く違うこともあります。

このように、私たちは祈りを受け取る対象について、間違った理解をすることがあります。だから私たちは私たちの祈りを受け取る神がどのような方か、よく知らなければなりません。

私たちと祈りを通して交わる神は、サンタクロースでも、安楽椅子で眠っている老紳士でも、魔法のランプのジーニーでもありません。神は全能の方であり、愛の神であり、生きておられる神です。聖書を通して現れている神は、私たちのすべての祈りに答えることのできる力ある方であり、ご自分がされた約束は守る方なので、全能の神と表現しています。

それだけでなく、私たちの事情や状況をすでにすべてご存じなので、私たちが願うこと、私たちの環境を通して最も良いものをくださり、満たすことを願っている愛の神です。また、今、この瞬間も私の声に耳を傾け、御声を聞かせてくださる、生きておられる神です。いつも生きておられ、祈りを聞かれるので、祈りの中で働かれます。決して御座に座ってうたた寝していて祈りを聞けないとか、私たちが願うものは何でも——それが神の御心に反しようが——くださるのではなく、私たちの状況や事情によって最も良いものをくださる、全能で生きておられる愛の神だという事実です。

多くの人が、祈ることが難しいと言います。どうすればいいかわからないとも言います。しかし、祈りに決まった王道はありません。互いに交わりをして対話をするのに特別な方法がないように、神との交わりもまた互いの声に耳を傾け、心から語ればいいのです。このように、祈りが何かを知るところから祈りの扉が開きます。

また、祈りの対象である神がどのような方かを確実に知るなら、もはや祈りは難しいものではなく、日常になります。まず自分の祈りを受け取る神がどんな神かを黙想するなら、対象が確実になるので、祈りの内容も必ず変わります。対話するとき、相手がだれかによって対話の質が変わるように、祈りも同じです。祈るとき、祈りを受け取る対象がどのような方か、まず知らなければなりません。

なぜ答えられないのか

ある方が教会に訪ねて来ました。順調な事業を経営していた方でしたが、これまで教会をおろそかにし、月定献金もささげていないなど、信仰的にダウンしていました。そのうち、うまくいっていた事業が急におかしくなり、あっという間に借金まみれになってしまいました。

そしてようやく両手を挙げて神の前に来たこの方は、行くところもなく、することもないので礼拝に熱心でした。みことばを聞く中で、それまでの自分の信仰生活を悔い改め、再起させてくださいと祈り始めました。

ところが、答えはすぐに来ませんでした。神の答えは三つ、Yes, No, Waitだという言葉に、この方は待てという御心なのだと考えて忍耐しました。しかし、もう待つことは無理だと考えたのか、牧師のところに行きました。

「先生、私はこれまでのことを悔い改めて祈っているのに、どうして答えがないのかわかりません」

「どんな祈りをささげたのですか？」

「そりゃもう、もう一度事業をしたいので良いアイテムをくださいと祈りました。また、現在、資本が全くないので資本も準備してくださいと祈りましたよ。信仰によって祈れと言われたから、信仰をもって祈りました」

「そうですか。祈ってみて、どうでしたか？　心の願いが生じたとか、平安のようなものはありましたか？」

「いいえ。何の答えもありませんでしたが」

「そうですか。とにかく、あなたのために一緒に祈りましょう。信仰をもって待ってみてください」

牧師は信徒の手を握って、切実に祈りをささげました。内心、これで慰められただろうと考えて喜んで顔を上げたところ、向かいの信徒の暗い顔が目に入りました。祈っているときには「アーメン」と切実に祈っていたようなのに、何でだろうと思いました。

すぐに牧師は、なぜこの信徒が答えをもらえないかがわかりました。祈りを終えるやいなや、信徒が立ち上がってこう言ったのです。

「先生、お祈り、感謝します。でも、心配です。今の時代、事業アイテムを得ることは星を取るようなものだし、私は不良債務者なので、資本を準備することも難しいんです……まったく」

祈って立ち上がってから、一分も経たないうちに彼がとった行動は、祈りを信仰によって受け入れることではなく、心配でした。祈ってゆだねると言ったのに、また自分の荷物を包んで肩に背負ったのです。

祈りは信仰です。信仰なしに祈ることは不可能です。真の祈りは信仰に関するすべてを含みます。祈りの反対は心配です。懸念です。

心配を英語の辞書で調べると「worry」とあります。この単語の語源を調べると、だれかが首を絞めていることと同じだそうです。言ってみれば、心配や悩みは、ネクタイが首を締めつけるように、胸が押しつぶされていることです。びくともできず手をこまねいている状態にするのが、心配や懸念です。

祈りとは、自分のすべてを神に告白する対話の窓口なので、一度ゆだねたら、成し遂げるのは神です。ところが、祈りと心配を行ったり来たりするから問題が生じます。祈りは祈りで熱くささげ、心配は心配で熱くします。祈り終わるなり、「ああ、大変だ。どうやって対処しよう？」と心配することが多いのです。だから答えをもらえないのです。

祈りは神に対する信頼です。ですから、祈るか、心配するか、二つのうち一つにしなければなりません。祈るということは、全能の神に対する信仰から始まるからです。求めているものを漠然と語るのではなく、自分の祈りを聞いて、答えてくださる、そのような力がある神に対する信仰を持つことが重要です。

祈るときに曖昧にさせるもの

時々、祈りのせいで試みを受けることがあるでしょう。ある執事の華麗な美辞麗句を添えた祈りのせいで試みを感じたりします。また、ある女性信徒は祈りの声が大きく響き渡るので、すばらしく信仰が強く思えて、その人の前では気おくれしたりします。ある青年は、一度祈り始めると二〜三時間は余裕で祈るので、羨ましくもあります。ある牧師は牧会祈禱がとても長いので、あくびも出るし、ある聖徒の祈りはあまりに簡単すぎて、恵みを受けられません。

このように、教会で多くの人々に接していると、祈りに対する基準や判断、評価が生まれていきます。しかし、先に述べたように、祈りは神と自分の一対一の対話です。決してほかの人が入り込むことはできず、またそうしてはいけません。それにもかかわらず、祈りについていくつか曖昧なことがあります。一斉に声を出して祈るとき、いつ止めればいいのか、どこで祈るべきか、場所も曖昧です。さあここで、祈るときに曖昧な四つのことを見てみましょう。

いつ祈るか？──いつでも

意外と、人々はいつ祈るべきか気になるようです。何時に祈ればいいかと聞く人もいます。聖書を見ると、ダニエルが一日に三度、窓を開けて祈ったように、時間を決めて祈っているのがわかります。そのせいか、祈りの時間を決めて祈らなければならないと誤解している人もいます。

おそらく、韓国の土俗信仰とも関係なくはないでしょう。昔、母親たちが明け方に起きて髪に油を塗って結い、井戸水を一杯汲んで、手の皮が擦りむけるほどこすり合わせて祈っていた伝統を忘れられないからかもしれません。

しかし聖書は、祈りの時間についてこう言っています。いつでも祈りなさい。「絶えず祈りなさい」（Ｉテサロニケ５・17）。もちろん、絶えず祈れというみことばを額面どおりに受け取るなら、とても難しいことになります。しかし、このみことばは、いつでも祈りなさいという意味として受け取ることができます。休まずに、どんなときであれ、祈りなさいということです。このみことばは、私たちが何を求めるべきかわからないときも祈りなさいということです。

詩篇記者の告白であり、祈りである詩篇を読むと、精巧につむがれた祈りではありません。むしろ、その中には決まった形式もなく、ただ思いを吐露している祈りもあります。このように、祈りはいつでもささげることができる祈りであるべきであり、内容をそのままさらけ出せる祈りであれば、充分です。

どこで祈るか？——どこでも

以前、出席していた教会に主任牧師として招聘されたときのことです。当時、主任牧師として導くべき礼拝も多く、説教も多くありました。深夜祈禱会をリードし、翌朝の早天祈禱会までリードした後、個人の祈りの時間になり、前の席に座って祈っていました。しばらく祈っていると、一人の女性役員が来て聞きました。

「先生、どうして十字架の下に行かないんですか？」

「ええ？」

わけがわからず見上げると、女性役員が不思議そうな顔でこう言いました。

「前の牧師先生は、早天祈禱会が終わるとすぐに講壇にある十字架の下でひざまずいて祈っておられたんです。それなのに、先生はどうしてあそこに行かないんですか？」

「ああ……、どうしてもあそこに行って祈らなければなりませんか？」

「ふう、あのお姿がどれほど恵みに満ちていたか……。霊的な権威も感じられたし……」

その日以後、どうなったでしょうか。個人の祈りの時間、十字架の下には決して行きませんでした。

聖書には、祈る人々の祈りの場所が出てきます。戦いの中で祈る人もいるし、洞窟の中で、山や川で、寝台で、魚の腹の中で、荒野で、十字架の上で、牢の中で、などなど、多様な祈りの場所が出てきます。

祈りの場所は特に決められていません。どこでも祈りの場所になります。祈るとき、より恵まれる場所というのはありません。私に十字架の下をそれとなく強要した女性役員の考えは間違っています。人に見せるための祈りの場所を神は望まれません。ただ、どこであれ、自分の心を率直に打ち明けられるなら、そこが最適な祈りの場所になります。

どれくらい祈るか？——本当に祈るまで

ある方から聞いた面白い話があります。イエスを信じて間もない方が、牧師と長老とともに訪問に行きました。その方はイエスに対する愛が熱く、その余波で、とても長い祈りをしました。ところで、三人で訪問した日は、とても暑い日でした。訪問を終えたとき、あまりにも暑かったので三人でアイスクリームを食べることにしました。

「あなたが祈ってください」

牧師が、信じて間もない聖徒に、アイスクリームの祈りをお願いしました。ところが、事件が起きました。その方が、いわゆる祈りのフィーリングを受けたのです。

「愛の神様、感謝します。このようにとても暑い日に、先生と長老を愛してくださり、訪問に行かせてくださり……この世の万物を創造された神様、アブラハムとイサクとヤコブの神様、……再び来られるイエスさまを私たちは待っています。また、世界宣教と福音のために祈ります。主よ、この地に神の福音が臨んでくださり、世界宣教のために……また、福音が届くべき北朝鮮の地を祝福してくださり……これらすべてをイエスさまのお名前によってお祈りします。アーメン」

祈り終えたとき、アイスクリームはすでに溶けてしまっていました。すると、祈りを終えた牧師がそれを見て言いました。

「ああ……アイスクリームが溶けてしまいましたね」

すると、一緒に祈っていた長老がこう答えたというのです。

「先生、アイスクリームは、ノアの箱舟について祈っているときに、もう溶けていましたよ」

長い祈りがいつも良いわけではありません。聖書は、言葉数が多くて長く祈ることが良い祈りだとは言っていません。だからといって、短い祈りが無条件に良い祈りでもありません。本当にその祈りが神にささげられているか、神に自分の心をささげているかが重要なのです。

もちろん、そのような祈りになるまでは少し時間が必要でしょう。ある人は短く太い祈り、量より質を考える祈りをささげると言いますが、その短くて太い対話になるためには、時間が必要です。英語でこのような言葉があります。

Pray until you really pray.（本当に祈るときまで祈りなさい。）

祈っていると、心から神に祈りをささげているかわかる瞬間が来ます。その時は各自違うので、決まった時間はありません。ただ、本当に祈るときまで祈るようにしなければなりません。

どんな声で祈るか？――各自のトーンで

あるとき、熱心さで有名なヨイド純福音教会の大学青年部の祈り会を導くために出かけました。ちょうどリバイバルに関するみことばを伝えに行ったのですが、礼拝を導いていた方々にお願いされました。説教の後、お祈りをしたなら、次にリードする方が来て、それ以降のプログラムを導くので、そこまでやってくだされればよいとのことでした。わかりましたと言って、講壇に立ちました。ところが、純福音の青年たちはあまりにも熱く、リバイバルに関する聖霊のみわざを話すと、まるでスポンジのようにすーっと吸収していくようでした。リバイバルのために祈ろうと言って、一緒に声を出して祈り始めたのですが、どれほど熱く祈っているのか、五分経っても、十分経っても、とうてい祈りが終わる気配がありませんでした。五分ほど経ち、

「父なる神様」とマイクで祈っても、青年たちは止めませんでした。再び五分経ち、「神様」と言っても同じで、結局、四回も試みた結果、最後の祈りを諦めて講壇から降りて来た経験があります。そのときは、その青年たちの熱く切実な祈りを聞き、私も熱くなりましたが、そうして一緒に声を出して祈ることこそ祈りだと言う人もいれば、そのような祈りをやりにくく思う人もいます。

教会ごとに追求する祈りの方法が違います。ある教会では熱く一斉に声を出して祈り、ある教会では静かに黙想する祈りをささげます。そうなると、祈りのボリュームについて曖昧な瞬間が来ます。

しかし、黙想の祈りも声を出す祈りも、心の状態によって変わることがあります。いつも静かに話す人だけいるのではなく、いつも大声でだけ話す人がいるのではないように、神と対話するときに、静かに祈るときもあれば、大きな声で切実に祈るときもあるだけです。問題は、スタイルをはっきり決めていることです。そうなると、自分とは違うスタイルで祈る人を見ると、何かおかしな人のように思えて、罪に定めます。

「あら、あの人はどうしてあんなに祈る声が大きいのかしら。隣の人の邪魔になるじゃないの」

黙想の祈りだけをする人は、大声を出して祈る人に自分の物差しを当てて判断します。一方、大きな声を出して祈る人たちは、静かに黙想する祈りを罪に定めます。

「あんなに静かに、心の中でだけ祈っていたら、あれこれ考えて集中できないんじゃないの？」

ある聖徒が私のところに祈ってほしいと頼みに来ました。その方は祈りに熱心で、熱いことを求める方でした。その方が願う祈りは、私が熱く祈ることでした。ですから、声を高めて祈れば聖霊に満たされたように感じることは明らかでした。

しかし、その日、私はその聖徒の耳にささやく祈りをささげました。神は声が大きくてもそうでなくても、変わらずに切実な心で祈る中心をご覧になることを感じてもらいたかったのです。神は耳が良くなくて、大きな声で祈る祈りだけを聞く方でもなく、騒がしいのが嫌いで黙想する祈りだけを聞く方でもありません。神は私たちの大小の祈りをすべて聞かれます。だから、切実に熱く願ってすがりつくときがあり、神の前に静かに黙想して祈って出ていくときがあります。自分の状況や事情に合わせて祈ればいいのです。

もう一つ、声のトーンも曖昧です。ある方々は、祈るときは決まって声が変わります。別名、ホーリー・トーン（holy tone）と呼ばれる声に変わります。

あるとき、神学校で説教をした後に祈ったのですが、前からおかしな音が聞こえてきました。あまりにも耳障りだったので目を開けて見ると、学生が出す金切声の祈りでした。祈り派と呼ばれる彼らの祈りのトーンは、神経を刺激します。牧師の中でも、説教を始めると声のトーンが変わる方がいます。しかし、自分のそのままの声で対話すればいいのです。神と交わるのに、わざわざ声のトーンを変える必要はありません。

答えはどうやって来るか？ ——Yes, No, Wait

どんなに祈っても答えがないと言う人がいます。しかし、神は祈りに必ず答えてくださいます。三つの方法で。その三つは、先に述べたように、Yes, No, Waitです。祈りの中で、イエスという答えがあれば祈ったとおりにすればいいし、ノーならばしてはいけません。それ以外は待ちなさいということです。待つことは、特別な応答がないように思えますが、YesやNoがないときは待たなければなりません。ですから、祈りに対する応答は必ず三つ（Yes, No, Wait）です。

問題は、私たちが願っていないことが祈りの答えになりうることです。神の時間が異なり、方法が異なるからです。

神は今も変わらず私たちのすべてをご存じで、私たちに答えられます。その真実をただ信じればいいのです。

祈りの種類

祈りの種類は実に多様です。感謝の内容をささげる感謝祈禱、病のいやしのための神癒祈禱、霊的な言語である異言でささげる異言祈禱など、祈りの種類が多くて、いつ適切な祈りをささげればいいか、曖昧なことがあります。祈りについて、正確に知ることが必要です。

必死に神にすがりつくために食事をせずにささげる断食祈禱は、神を喜ばせます。しかし、ここで重要とすべきなのは、断食ではなく、祈りです。神は他人に見せる目的で断食することを嫌われます。

異言祈禱は自分のための祈りです。異言祈禱は自分の信仰の成熟を確証するのでもなく、ほかの人の信仰を判断する内容でもないということを知らなければなりません。言い換えれば、異言を語るというのは、決して誇ることではありません。ただ、自分の心の中にあることを霊によって神の前に願う祈りが異言祈禱ですから、共同体の中に理解と受け入れる関係があって行われるべきものです。

預言祈禱は、神が下さったみことばが、状況と時に合わせて出てくる祈りです。しかし、時に預言祈禱を、まるで未来を占うかのようにすることがあります。「私が祈ったところ、神はあなたに対する祈りをこのように語られました」というような言葉に惑わされてはいけません。神は私たちに直接語られます。みことばを通して語っておられます。霊的な敏感さをもち、早く悟ることができるように祈らなければなりません。

神癒祈禱は、病気の癒しのための祈りです。この祈りは神癒の賜物を持つ人がささげることのできる祈りです。しかし、賜物も重要ですが、もっと重要なのは賜物だけでなく、私たちの信仰によって神が私たちをいやしておられるということです。

喜ばせる祈り

アグルは聖書に出てくる人物の中で、それほど有名ではありません。もともと平凡な人が優れているように、アグルもまた、平凡ですが非凡な信仰の持ち主でした。特に、彼の祈りをよく見ると、学ぶところが多く、ある人はアグルを祈りの名匠だと言いました。

彼はどのように祈ったのでしょうか。アグルは祈りに先立ち、自分が他の人に比べて愚かであり、人間の悟りがなく、知恵も学ばず、聖なる方の知識もないと謙遜に自分を低くしています。そして、このような祈りをします。

二つのことをあなたにお願いします。私が死なないうちに、それをかなえてください。むなしいことと偽りのことばを、私から遠ざけてください。貧しさも富も私に与えず、ただ、私に定められた分の食物で、私を養ってください。私が満腹してあなたを否み、「主とはだれだ」と言わないように。また、私が貧しくなって盗みをし、私の神の御名を汚すことのないように。

（箴言30・7―9）

彼の祈りは華やかではありませんでした。一例として、ヤベツが神に祈るとき、地境を広げてくださいとビジョンの祈りをささげたのに比べ、アグルの祈りは平凡で、消極的に感じられます。しかし、彼の心の中心には神以外のものはありませんでした。もし金持ちになったら、高慢になって神を知らないと言うのではないかと恐れ、日用の糧だけを与えてくださいと祈っています。神の栄光を妨げることは何もしませんという意志でした。

また、彼はむなしいことと偽りのことばを遠ざけてほしいと、人格の祈りをささげました。世はむなしいことや偽りのことばを強要し、それがまるで知恵であるかのように思われます。アグルは利を追求しませんでした。ともすれば無能な姿に見えるとしても、神の知恵だけで生きると告白しました。彼は徹底して自分の足りない資格を言い表し、神中心に生きるために祈りました。まさにこのような理由によって、アグルは祈りの名匠として立てられたのです。

私たちは何でも祈ることができます。しかし、祈りの答えの有限性も認めなければなりません。何でも祈ることができますが、何でも自分に有益なわけではないからです。アグルが自分の有益のために祈ったのではなく、神の栄光のために有益に生きることを祈ったように、私たちは神を喜ばせる祈りをささげなければなりません。

時々、私たちの祈りは路線をはずれることがあります。自分が願うことだけを山ほど注ぎ出す祈りになることもあるし、信仰によって祈って心配で締めくくったりもします。そして答えがないと言って挫折し、失望します。

祈りは神との交わりであり、対話です。祈りは神を信頼することであり、信仰です。祈りは答えであり、待つことです。そして、最も良い祈りの教本はイエスが示されたという事実を覚えなければなりません。

「アバ、父よ、あなたは何でもおできになります。どうか、この杯をわたしから取り去ってください。しかし、わたしの望むことではなく、あなたがお望みになることが行われますように。」

（マルコ14・36）

祈りは神の御心を求めることです。その御心を求めることが、結局、神を喜ばせる祈り、必ず答えられる祈りになります。

12 救い、確信していますか

救いに対する曖昧な視線

ある人が神を信じました。その青年は、神が生きておられるという事実を認め、罪が赦されて新しい人とされたことを感謝しました。祈るたびに神の愛が感じられて涙を流し、信仰者としてさらに謙遜に生きることを決心しました。

そうやって信仰生活をするようになりました。信仰生活で難しいことはありませんでしたが、いつも彼を口ごもらせる質問がありました。

「皆さん、今晩、神様が皆さんを召されたら、天国に行く確信がありますか？」

「……」

「救いを確信している方は『アーメン』と言ってください」

牧師が説教の前に講壇でこの質問をするたびに、彼の声はほとんど消え入りそうでした。ほかの聖徒たちは大きな声で力強く「アーメン」と言うのですが、なぜか彼にはできませんでした。神を信じる人はだれでも救われるということを、教会に来た最初の日から聞いてきました。

初めは「そうなんだ」くらいでしたが、信仰が増し加えられるにつれて、キリストに似る信仰者になろうとする思いが強くなるにつれて、かえって救いの確信を宣言するのをためらうようになったのです。

どうしてでしょうか。「はい」と答えると、なぜか自分が高慢な人間のように思われました。その上、心の中では「いくら救いはプレゼントだと言っても、あなたに何の資格があって天国に行けるのか?」と叱責されているような気がしました。

だからといって「いいえ」と答えるのは、今まで神を信じてきたことが偽りだったことを意味することでした。「よくわかりません」と答えれば、そんな信仰もなくふらふらする生ぬるい信仰だと言われそうでした。

ようやく考え出した答えは「そうだったらいいと思います」でした。彼はかなり満足でした。まさに今日、神が自分を召されるなら天国に行く確信があるかと問う質問に、「そうだったらいい」という望みを語ることで、なぜか謙遜に見えながらも天国に行きたいという願いを表現しているからです。

「どうやって生きるのか」というような哲学的な質問より、一次元高い質問でした。救いに関する質問です。この人を悩ませた質問が、これでした。

「もし神が、今晩私を召されたら、私は果たして天国に行く確信があるか？」「世を去って神の前に立つとき、神が天国の門の前で『あなたを天国に入れる理由は何か』と聞くなら、私は何と答えることができるか？」

救いを確信しているなら「アーメン」と言いなさいという言葉に比べ、はるかに具体的な質問でしょう。イエスを信じる人ならば、この二つの質問をしてみなければなりません。もし、一度もこのような質問をしたことがないなら、救いについての曖昧な定義のせいでしょう。

実際、聖書は絶えず救いについて語っています。イエス・キリストを救い主として受け入れ、自分が罪人であることを悟り、自分のために十字架で死なれたイエス・キリストを信じる人に永遠のいのちを与えたと、聖書は語っています。「その証しとは、神が私たちに永遠のいのちを与えてくださったということ、そして、そのいのちが御子のうちにあるということです。御子を持つ者はいのちを持っており、神の御子を持たない者はいのちを持っていません」（Ｉヨハネ５・11―12）とあります。永遠のいのち、イエス・キリストを救い主として受け入れた後、神がくださる永遠のいのちの祝福があることを語っています。

このように、あちらこちらで救いの話に接することができます。しかし、時々、少しずつ聞いているので、救いに関するすべての物語が一つにつながって理解されていない場合があります。また、体系的に学ばないと、気になる部分も多いのに、気軽に質問することが難しいこともあります。しかし、先の二つの質問は、私たちの人生を左右し、永遠を左右する、とても重要な質問です。

救いを確信してもいいのか？

「先生、救われたからって、永遠のいのちがあるからって、私が天国に行くとそんなに自信をもって言うのは高慢ではないでしょうか。神様が与え、神様がご存じのことであって、人間である私たちがどうして分を越えて神の前で天国に行くと確信することができますか？」

聞いていると謙遜な表現にうなずけます。神との関係において、人間が自信をもって語ることは身の程知らずのようにも感じられます。しかし、これは人の立場からの考えにすぎません。

聖書が言っていることは違います。まず、ヨハネの手紙第一5章13節に証拠となるみことばがあります。

神の御子の名を信じているあなたがたに、これらのことを書いたのは、永遠のいのちを持っていることを、あなたがたに分からせるためです。（Ⅰヨハネ5・13）

神は、私たちが永遠のいのちを持っていると知ることを願っておられます。知らずにいて、時が来て高慢になったり、さまよったりすることを願っておられません。私たちに永遠のいのちを与え、私たちがそのいのちを握っているという事実をはっきりと知ることを願われます。だから私たちは、神が下さった永遠に対する確信を持つことができます。天国に対する望みをしっかりと握っていることは、決して高慢なことではありません。

ところで、ここで気になることが生じます。貧しい人々のために一生をささげた宣教師の話を聞いていると、それらの強い信仰と自分の弱い信仰を比較することがあります。宣教師がパン一つを人々と分け合って食べて福音を語るときの信仰と、教会の食堂でお腹いっぱい食べた自分の信仰が比べられます。

「果たして、生涯を宣教地で労苦する宣教師と、平安に信仰生活を送っている信徒が同じ救いを受けることができるのか？」

なぜか信仰と献身によって、救いも自動的に支給されるような考えに陥ります。しかし、それに対する答えもまた、「救われる」ということです。神を信じる人はだれでも同じ救いを受けます。「この恵みのゆえに、あなたがたは信仰によって救われたのです。それはあなたがたから出たことではなく、神の賜物です。行いによるのではありません。だれも誇ることのないためです」（エペソ2・8‐9）ということばが裏付けているからです。

救いは、すなわち恵みです。恵みということばは、受け取る資格がないのに与えられる贈り物を意味し、救いはイエス・キリストを信じることによって受け取る贈り物です。贈り物は、受け取ろうとする努力より、与える人の意志にかかっています。言い換えれば、救いとは、私たちは資格がないけれどもイエスが与えようとしておられるものです。その信仰によって救われるのです。

したがって、行いによるのではないため、だれも誇ってはいけません。数十年前、あるリバイバル集会で聞いた長老の証しを思い出します。その方は死の入り口まで行って天国を経験し、新しいいのちを見出したという証しをされました。普段、長老としてたくさん奉仕もし、物質的な奉仕に至るまで多くの聖徒たちの称賛を受けていた長老は、天国の門の前で少しうぬぼれました。何せ、多くのことをしてきたと考えたからですが、いざ、出会ったイエスはその長老の行いを覚えておられませんでした。ご自分をどれくらい愛していたかを聞き、知りたがりましたが、長老は自分の良い行いだけを誇りました。その結果、自分には冠ではなく、犬の毛で作った帽子を与えられたという内容の証しでした。

特別な経験をして目を覚ました長老は、大きな悟りを得ました。救いという贈り物を下さったイエスの前で、決して誇るものではないということでした。

神の前で、私たちは誇ってはいけません。特に、してきたことを通して救いを贈り物として受け取るという考えは、徹底的に禁じなければなりません。もし、救いが私たちの行いによるのだとすれば、私たちはどれほど偉そうなふりをするでしょうか。自分の力で、自分の能力で、自分が優れているから救われたと言わないでしょうか。主はそのような危険要素をあらかじめ取り除かれました。私たちの奉仕で、私たちの労苦で、私たちの善行によっては、天国に行くことはできないと語られました。「すべての人は罪を犯して、神の栄光を受けることができず」（ローマ人3・23）というみことばのように、だれかれ問わず、この程度なら大丈夫だと言える人はいません。

ここでもう一つ、救いに対する確信を混乱させるものがあります。

「先生、私はイエスさまを受け入れたのに、日によって救われていないような気分になります。どうすればいいですか？」

信仰がふらふらすると、救いに対する確信が揺るがされます。特に理由もなく万事について気分がダウンし、何をやってもいらいらし、なぜか信仰も落ち込む日、イエスに召されてもついて行けないとしか思えません。ちょっと気が乗らないからとディボーションもせず、ちゃんと祈りもしません。早天祈禱もさぼるので、心が自責の念でいっぱいになります。

しかし、これについても神のみことばは説明しています。「まことに、まことに、あなたがたに言います。わたしのことばを聞いて、わたしを遣わされた方を信じる者は、永遠のいのちを持ち、さばきにあうことがなく、死からいのちに移っています」（ヨハネ5・24）というみことばに込められています。主を受け入れて救われた人々は、すでに死からいのちに移されていると語られています。二度と死に戻ることはないということです。

ですから、受け入れた者、その名を信じる人々には神の子となる特権を与えられます。だから救いは、ある人に特別に与えられるものではなく、それを与えるという神の意志によって贈り物として与えられているのです。私たちは、イエスが自分を罪から抜け出させてくださり、永遠のいのちを得られるようにされたという確信だけもてばいいのです。

私たちの信仰は、神のみことばをしっかり握りしめることであって、気分の状態ではありません。もし救いが気分の状態によるのなら、自分自身も自分の心がわからないのに、その動く心の状態をどうやってコントロールすることができるでしょうか。しかし、そのようにはされませんでした。その弱さをよくご存じだからこそ、私たちに対する神の愛、私たちに対するイエス・キリストの十字架、私たちに対する神のみことばと約束が変わらずに有効であることを教えてくださっています。

確かに受け入れたか？

ある聖徒がいました。一時は熱く信仰生活を送っていた人でしたが、何かのことで試みに遭いました。熱心に通っていた祈り会からも足が遠のき、祈りの生活も絶え、よくやっていた奉仕もある日突然、「嫌になった」と言って教会を去って行きました。

一人のたましいが失われた悲しみも大きいものでしたが、そのことによって信仰が刺激された、ほかの信徒たちの傷もありました。ある人が、私のところに来て聞きました。

「先生、あの人も救われるんでしょうか。あんなによく信じていたのに、ある日突然信仰を捨てたじゃないですか。そういう人も救われますか?」

「……ええ」

彼はもしかしたら違う答えを願っていたのかもしれません。信仰を離れて、信徒たちに傷を与えたのだから、受けていた救いは返納されたのだという答えを願っていたのかもしれません。

しかし、救いはそうではありません。その人が本当にイエス・キリストを受け入れたのなら、本当にその人がイエス・キリストを救い主として心に迎え入れて信仰の中に立ったのなら、仮に最後に信仰生活をきちんと送れなかったとしても、救われます。

一瞬、一瞬、人生がとても苦しくて、病気のために、あまりにもつらくて、信仰自体が揺るがされて大変な人もいます。ある方は、死の入り口であまりにもつらくて神を離れたいと言ったりもします。しかし、そういう人も救われます。

聖書は信仰によって救われると語っています。このように断定できるのは、結局、彼らが最後には神に立ち返るからです。

最後まで立ち返らない可能性もあるのではないでしょうか。そうなれば、救いはどうなるのか、気になります。ところが、その場合はその人がなぜ立ち返らないのかを気にするのではなく、果たしてその人が本当にイエス・キリストを受け入れたのかを考えなければなりません。私たちは多くの場合、うわべだけを見ます。どれほど熱心に教会に通っているか、どれほど奉仕をしているか、どれほど多く動いて教会の活動をしているか、などを見るのです。実際、イエスを信じていなくても教会の奉仕をすることはいくらでも可能です。

ある方は仕えることがとても好きです。あげることが好きなのか、食べ物を作って信徒に分けたり、慈善の思いもあって慈善献金もしょっちゅうしていました。その上、歌が好きだからと賛美も熱心にしました。うわべだけ見れば、信仰の人のように見えますが、実際はイエス・キリストを受け入れていない人でした。賛美はその人にとって歌であり、献金は貧しい人を助ける物質であり、食べ物を作るのは、隣人と分け合う行為だったのです。教会に出入りしているだけの見せかけだけの信者だったわけです。

この方は救われているといえるでしょうか。いいえ。心からイエスを受け入れたことがないからです。実は実らず、葉だけがあったのです。

また岩地に蒔かれたものとは、みことばを聞くと、すぐに喜んで受け入れる人のことです。

しかし自分の中に根がなく、しばらく続くだけで、みことばのために困難や迫害が起こると、すぐにつまずいてしまいます。（マタイ13・20－21）

実のない信仰は、岩地にまかれた信仰と同じです。初めはみことばを喜んで受け入れて葉を茂らせますが、根を下ろすことができず、実を結ぶこともありません。これは完全にイエス・キリストを救い主として受け入れたことがないことを意味します。

福音の種がまかれて三十倍、六十倍、百倍の実を結ぶ人が救われた人です。ですから、一番重要なことは、心からイエスを受け入れたか、という事実です。心から受け入れたのなら、揺らいだとしても、その信仰によって救われるのです。しかし、真実に受け入れておらず、葉だけを茂らせる信仰だったなら、救いの座に立つことはできないことを知らなければなりません。

天国に行くチケットに対する姿勢

一人の高校生と道で会いました。大学入試を控えた時期でしたが、学校でも図書館でもなく、繁華街で会ったことが不思議でした。その上、普段から勉強ができると噂だったその高校生は、とても余裕があるように見えました。会えたことがうれしくて挨拶をしましたが、試験まであまり時間がないのに、私服で余裕のあるようすで歩いている姿がなぜか不安でした。

「あれ？　今は最後の追い込みをしなければならない時期なのに……」

だからといって、教会の牧師が無駄にプレッシャーを与えてもいけないと思い、勉強しないのかという質問は控えました。

「どこかいい所に行くのかい？」

「はい、先生。これから友だちの家に行きます。ゲームをしたり、本を読んだりするんです」

「ああ、そう。やっぱり……余裕があっていいね。」

「へへ。書類審査に合格したので、入試は余裕です。基本点数さえ取れればいいんですから」

「え？　合格したの？」

思わず声のトーンが高くなりました。やはり余裕があったのには理由があったのです。大学行きのチケットが与える余裕と平安がどれほど大きいか、改めて気づいた瞬間でした。

救いについても、このような思いになるのではないかと思います。イエスを受け入れた人はだれでも救われているのだから、すでに天国行きのチケットを手に入れているのではないか。だからなぜか心がすうっと楽になって、たがはずれたような気になることもあります。好きなように生きたい思いにもなります。

そうです。救われている私たちはみな、天国に行くことができます。しかし、それで終わりでしょうか。天国に行くにしても、どんな姿で行くか、考えなければなりません。

果たして、自分は何の資格をもって、どんな功績をもって天国に行くのか。イエスを信じて受け入れたから天国に行けますが、イエスはそれよりもっと良いことを私たちを通して行おうとしておられます。

だれも、すでに据えられている土台以外の物を据えることはできないからです。その土台はイエス・キリストです。だれかがこの土台の上に、金、銀、宝石、木、草、藁で家を建てると、それぞれの働きは明らかになります。「その日」がそれを明るみに出すのです。その日は火とともに現れ、この火が、それぞれの働きがどのようなものかを試すからです。だれかの建てた建物が残れば、その人は報いを受けます。だれかの建てた建物が焼ければ、その人は損害を受けますが、その人自身は火の中をくぐるようにして助かります。

コリント人への手紙第一3章11節から15節のこのみことばは、天国行きのチケットを手に入れた私たちに、どんな方法で生きるべきかをはっきりと示しています。救われたけれども、その救われた人生の中で神がどんな報いをくださるか語っておられます。永遠の天国で神がくださる永遠の報いがあると語っておられます。

その報いは、私たちの想像をはるかに超えています。報いといっても、何か賞品や景品、プレゼント程度ではありません。宝くじやカジノでの一攫千金のような物質的な基準ではないので肌で感じられないでしょうか。その報いを慕い求めて、建物が焼けないように祈らなければなりません。

ところで、特にここで誤解しやすい部分が、罪に関することです。すでに天国行きのチケットを手に入れたのだから、罪についても完全に解放されたと感じるかもしれません。どうせ天国に行くのだから、信仰生活をしながらこっそり罪を犯しても大丈夫だろうと考えるかもしれません。しかし、神はそれについてもみことばの中で明らかにしておられます。建物が焼ければ損害を受けますが、火の中をくぐるようにして助かるというみことばによってです。これはどういう意味でしょうか。火の中をくぐるようにして助かるということは、何とかかろうじて助かるという意味です。ですから、救われている私たちが建物を焼く、すなわち罪を積んで、ようやく救われる「ぎりぎりの信仰生活」にならないようにしなければなりません。

ペテロとイエスの会話を見ると、罪についてどのように対処するべきかが出てきます。ヨハネの福音書13章を見ると、イエスが弟子たちの足を洗う場面があります。そのとき、忠誠心が並はずれているペテロが大声で言います。

「イエスさま、決して私の足を洗わないでください」

弟子としてイエスに足を出すなんてことはできないという表現でした。しかし、そのとき、イエスはシモン・ペテロにこう言われます。

「わたしがあなたの足を洗わないなら、あなたとわたしは何の関係もない」するとペテロはさらに興奮して言いました。足だけでなく、手も頭も洗ってくださいと願ったのです。体格もよく、性格もせっかちなペテロなので、前後を考えず矢継ぎ早に言うペテロの信仰は微笑ましいものです。しかし、そのときイエスはこう答えました。

「水浴した者は、足以外は洗う必要がありません。全身がきよいのです。あなたがたはきよいのですが、皆がきよいわけではありません。」（ヨハネ13・10）

私たちはすでにイエスの贖いの恵みによって、原罪を洗われた存在です。イエスを受け入れることによって永遠のいのちを得、十字架を信じることですでに水浴をした状態です。しかし、この世を生きていると、毎回水浴しなおす必要はありませんが、足は洗い続けなければなりません。足を洗わなければならないということは、救われている人でも世を生きている間、だれでも犯さざるをえない罪に対して自由ではなく、悔い改めなければならないということです。

イエスを受け入れた人は、犯す罪によって死ぬことも生きることもある、死と永遠のいのちの間を行ったり来たりするのではありませんが、神との関係に問題を生じさせるのが罪です。

この罪は神の力を体験できなくし、神の栄光に入れなくし、神にとらわれた人生を歩めなくします。ですから毎日、足を洗わなければなりません。足を汚す罪を洗い落とさなければなりません。

ところが、時折、足を汚す罪が大きすぎて恐れることがあります。自分が犯した罪が大きすぎて赦されないように思えるのです。しかし、心配する必要はありません。「もし私たちが自分の罪を告白するなら、神は真実で正しい方ですから、その罪を赦し、私たちをすべての不義からきよめてくださいます」（Ⅰヨハネ1・9）と聖書は約束しているからです。

自分の心、ほかの人、だれが罪によって自分を苦しめるとしても、そのために揺るがされてはなりません。信仰によって永遠のいのちを得た自分が、罪によって再び死に落ちることはないのかと、疑ってはいけません。それは私たちのために十字架で死なれたイエス・キリストの血潮の力を縮小して疑うという、より大きな罪になるということを知らなければなりません。

もし、今日、神があなたを召されるなら、あなたは天国に行く確信があるでしょうか。神が天国の門の前で、天国に入る理由を聞いたなら、どう答えることができますか。悩む必要なく、私たちは答えることができます。イエスを心から信じて受け入れた人は、だれでも救われると約束されているので、確信をもって答えて進めばいいのです。

「神様の恵みによって、罪人である私のためのイエス・キリストの十字架を信じることによって救われました」
すでに私たちのたましいに与えられた天国行きのチケットを持って安心するのではなく、代価なく受け取った恵みに感謝して、神から受ける報いを積まなければなりません。

救いの特権

だれが、私たちをキリストの愛から引き離すのですか。苦難ですか、苦悩ですか、迫害ですか、飢えですか、裸ですか、危険ですか、剣ですか。こう書かれています。「あなたのために、私たちは休みなく殺され、屠られる羊とみなされています。」しかし、これらすべてにおいても、私たちを愛してくださった方によって、私たちは圧倒的な勝利者です。私はこう確信しています。死も、いのちも、御使いたちも、支配者たちも、今あるものも、後に来るものも、力あるものも、高いところにあるものも、深いところにあるものも、そのほかのどんな被造物も、私たちの主キリスト・イエスにある神の愛から、私たちを引き離すことはできません。

ローマ人への手紙8章35節から39節のみことばは、救いの恵みをいただいて生きる私たちが味わう特権ではないかと思います。すでに救われている私たちは永遠のいのちがあるので、圧倒的な勝利者として生きることができます。救いの確信が勝利に導きます。揺るがされない信仰で立つことができるようにします。

このような確信だけでなく、だれも避けられない死の問題においても勝利し、穏やかでいられるのもまた、救いの確信のゆえです。死が終わりではなく、死後に永遠のいのちが広がる、すなわちイエス・キリストの愛を永遠に感じることができるので、勝利することができるのです。

救いを得ることですでに私たちにはすばらしい特権が与えられているわけです。特権を持つ者として高慢になってもいけませんが、その特権を忘れたりおろそかにしたりしては、もっといけません。

私たちがよく歌う賛美「アメイジング・グレイス」をよくご存じでしょう。

この賛美はジョン・ニュートンという奴隷商人が作った曲です。奴隷を売り買いしていた、悪名高い奴隷商人だった彼は、イエスを受け入れた後、牧師になりました。彼の回顧録を見ると、死ぬ前に残した言葉が書かれています。

「私は今、とても年を取って記憶も定かではありません。しかし、人生を振り返るとき、私が決して忘れられない二つのこと、記憶が鮮明な二つのことがあります。一つは私がとんでもない罪人だということ、もう一つは、それでもイエス・キリストはそれよりもっと偉大な救い主であるという事実です」

死を目前にしたジョン・ニュートンの偉大な信仰告白には感動します。救われた者の確かな人生の方向が、この文章の中に溶け込んでいるからです。ですから「驚くばかりの恵みなりきこの身のけがれを　知れるわれに」（中田羽後訳）という賛美にもっと恵まれます。

聖書は今日、私たちに語っています。「まことに、まことに、あなたがたに言います。わたしのことばを聞いて、わたしを遣わされた方を信じる者は、永遠のいのちを持ち、さばきにあうことがなく、死からいのちに移っています」（ヨハネ5・24）と。ですから救いを確信してその特権を味わい、神との関係を維持して歩みなさい、と。

それでもまだ自分の心の中に、信仰生活の中に救いに対する確信を持てないかもしれません。まだ救いの確信について曖昧な思いになるなら、みことばを開かなければなりません。時代が変わっても、変わらない救いの知らせが込められており、イエス・キリストの、罪人だった私たちに対する無限の愛が込められた神のみことばを読んでください。また、信仰の先輩を訪ねて、良い知らせに対する確信が得られるまで助言を求めるのも良いでしょう。神は救いと福音という変わらない贈り物をくださいましたが、それを受け取る心は私たちにお任せになりました。それは少なくとも、最高の贈り物を受け取る者の最小限の姿勢ではないでしょうか。

エピローグ

人生を生きるときに、生活において、信仰において曖昧な十二のことを分かち合いました。もちろん、この十二のテーマが人生のあらゆる部分を解決してくれるのではありません。いいえ、人が共に生きる人生は、実に複雑で曖昧なことばかりだからです。それでも曖昧なことに対する対処法がないわけではありません。聖書の確かな真理は、人生の曖昧な部分において道案内となってくれます。もう少し確かなものを望むなら、人生において実際にぶつかる問題について、聖書が語る三つの原則に合わせて考えてみてください。

1

一つ目の原則は、良心の原則です。ヘブル人への手紙13章18節に「私たちのために祈ってください。私たちは正しい良心を持っていると確信しており、何事についても正しく行動したいと思っているからです」とあります。

ここで言っている良心とは、まず自分が信じていること、自分が知っていること、正しい良心のことです。よく「あなたに良心はあるのか」と言います。良心はあるのかと表現する理由は、良心こそ最も基本的なものだからです。良心は神が私たちの心に植えられた基礎的で基本的な領域です。良心がとがめる、良心の呵責、などの表現をするのは、神が私たちの中に造られた最も基本的な公義と正義に対するシステムが良心だからです。

ところで、神はあえて正しい良心を持ちなさいと言われます。良心がみな同じではないからです。良心は変化します。聖書はこれを麻痺した良心と言っています。いうなれば、良心に矢が刺さったということ、つまり、良心に矢が当たって変質して、弁解させます。時には良心がとがめているのにもかかわらず、そのまま続けていると、まめができたように何も感じなくなります。良心に毛が生えたということは、良心に感覚がなくなることです。これもまた変質した良心を表す言葉です。

ですから良心を下さった神は、その良心が終わるのではなく、神のみことばで良心を満たし続けなさいと言われます。「Garbage in, Garbage out」という表現のように、ゴミを入れればゴミが出て来るものです。神のみことばで良心を満たして正しい良心に変化しなければなりません。

ある人々は言います。本当にそうしようと思ったのではなく、このみことばが合っているかどうか試しにやってみたと。しかし、その一回も神はさばかれます。人に迷惑をかけていないから大丈夫だと考えては困ります。迷惑をかけたかどうかが重要なのではなく、神のみことばに合っているか合っていないかが重要です。また、ある人々は、良心がとがめるようなことを考えただけで行動に移してはいないから大丈夫だと言います。それでも神は言われます。心の中の思いも行動したことと同じだと。神がご覧になるのは心の動機だからです。

だから、正しい良心をみことばで満たして、保たなければなりません。そうしてから「疑いを抱く人が食べるなら、罪ありとされます。なぜなら、それは信仰から出ていないからです」というみことばに照らして歩まなければなりません。正しい良心をもち、みことばどおりに良心を基準に考えるときに、それを実行したり事が起こったりするときに、疑いを感じるならば、そうしてはいけません。信仰から出ておらず、疑いを感じることをするのは罪となるからです。

人生の曖昧な部分にぶつかるとき、何よりも先に照らしてみることは、良心の原則です。まずみことばによって正しい良心をもって正しく行うべきであり、それにもかかわらず、そのことをすることに気が進まないとか、すっきりしないなら、してはいけません。

2

二つ目の原則は、徳の原則です。

ただ、あなたがたのこの権利が、弱い人たちのつまずきとならないように気をつけなさい。知識のあるあなたが偶像の宮で食事をしているのをだれかが見たら、その人はそれに後押しされて、その良心は弱いのに、偶像の神にささげた肉を食べるようにならないでしょうか。つまり、その弱い人は、あなたの知識によって滅びることになります。この兄弟のためにも、キリストは死んでくださったのです。あなたがたはこのように兄弟たちに対して罪を犯し、彼らの弱い良心を傷つけるとき、キリストに対して罪を犯しているのです。ですから、食物が私の兄弟をつまずかせるのなら、兄弟をつまずかせないために、私は今後、決して肉を食べません。

（Ⅰコリント8・9―13）

このみことばに真理があります。これは使徒パウロが言ったことで、パウロは徳の原則を立てて曖昧な部分を解決しました。

当時、異邦の神にいけにえとしてささげられた肉が、とても安く市場で売られていました。ところが、その肉を買って食べてもいいのか、いけないのか、という論議が起こりました。一方では、神だけがまことの神であり、肉は肉にすぎない、神がまことの神であることを信じるなら肉は問題にならないと言います。もう一方では、それでも偶像にささげられた肉をクリスチャンが買って食べることはできないと言います。このような状況は、私たちの現実にもたくさん見ることができます。

この時、使徒パウロが下した結論は、信仰の弱い人のことを考えて徳を立てなさいということです。先に書いた良心の原則に従うなら、自分はきよくて気にかからないから食べることができます。しかし、徳の原則にはひっかかります。信仰の弱い人の立場から信者が肉を買って食べるのを見るなら、つまずきになることがあるからです。ですから彼らのため、徳を立てるためにも、してはならないというのです。

以前、シカゴで神学校に通っていたとき、両親がワシントンＤＣにいたので、休暇になると十数時間運転して、家に帰らなければなりませんでした。運転するときに一番欲しかったのはレーダー探知機というものでした。警察がいるとあらかじめ教えてくれる機械です。違法ではありませんでした。実際、運転していると速度を出してしまうものですが、警察に捕まりでもしたら罰金がばかにならないので、その機械がとても必要でした。

そのとき、私はその機械をつけるかどうか悩みました。良心の原則に照らしてみると、違法ではないのでパスしました。ところが徳の原則にひっかかりました。当時、私は教会の中高生を担当する伝道師でしたが、子どもたちを集めてレーダー探知機について聞いてみました。

「君たち、先生がレーダー探知機をつけることについて、どう思う?」

「先生、それつけるなら、ぼく、教会に来ないよ」

一人の子が一秒の迷いもなく答えました。その言葉を聞いた瞬間、機械を遠くに追いやりました。徳の原則のほうが重要だからです。もちろん、人のため、人の視線を気にして徳を立てるのではありません。私を通して彼らが傷つくことは神が喜ばれないから、神を喜ばせるために徳の原則を立てるのです。

　クリスチャンは世の中で生きていると多くの攻撃を受けます。伝道しようとすれば、「神を信じているという人が、どうしてそんなことを言ったり、そんな行動をしたりするのか」など、相手は攻撃します。もちろん、その人の立場では良心がとがめることはないのかもしれませんが、心が弱い人の立場では、つまずきになることもあります。ですから私たちは、信じていない人、信仰の弱い人の徳となるように選択し、決定しなければなりません。

3

最後に、三つ目の原則はロードシップ（Lordship）の原則です。ロードシップとは、神が自分の主人であることを信じて従うことです。つまり、三つ目の法則は、主人に従う心で人生の決定を下すということです。

　ある人々は、クリスチャンとしての人生を語るとき、罪について問います。どこまで行くのが罪なのか、どこまで行って止まれば大丈夫なのか。しかし、ロードシップの原則に照らしてみるとき、どうすれば罪を免れるか悩むのではなく、主人である神が何を好まれるかを考え、それに従うことが先です。

「すべてのことが私には許されている」と言いますが、すべてが益になるわけではありません。

「すべてのことが私には許されている」と言いますが、私はどんなことにも支配されはしません。

（Ⅰコリント6・12）

罪を犯すのか、犯さないのかを考えるのではなく、それが有益かどうかを問わなければならないというのです。エペソ人への手紙4章27節を見ると「悪魔に機会を与えないようにしなさい」というみことばがあります。今は問題がないとしても、ある瞬間、ちょっとの隙を与えることがあります。悪魔はその隙に入り込んで人の心を動かします。悪魔に機会を与えないとは、ロードシップ、心の主人である神にささげる従順です。

一人の女性がダイエットのために深刻に悩み、絶食を宣言しました。ところが夕食の場所を、ありとあらゆる山海珍味があふれるバイキングの店に決めました。本人は心の中で思ったことでしょう。絶食をすると言ったから、少しだけ、それも野菜を中心に食べればいいのではないか。おそらくこの女性はこう考えて良心の原則もパスし、彼女がそこに行ったからといって失望する人もいないから徳の原則もパスしました。ところが、三つ目の原則にひっかかりました。いざそこに行くと、おいしそうなものがいっぱいで、その上、元を取ろうとする戦闘力が生じるため、ダイエットに失敗する可能性が高くなります。意志を曲げようとする悪魔に機会を与えたからです。「あなたがたは、食べるにも飲むにも、何をするにも、すべて神の栄光を現すためにしなさい」と言われました。ですから、これをすることが本当に有益か、悪魔に機会を与えることではないかを考えるとき、心の主である神にどうすれば従えるかを決定することができます。

私たちは実に多くの曖昧なことと向かい合い、そのたびに決定と選択をしなければなりません。それについてのマニュアルは世に出ていませんが、神のみことばの中に答えがあります。それを良心の原則、徳の原則、ロードシップの原則に込めました。この原則どおりに生きるのは大変だと感じることがあるでしょう。しかし、聖書は律法的なものではなく、訓練するように命じています。子どもが大人になる過程もただで与えられるのではないように、私たちがよりクリスチャンらしくなるためには訓練が必要です。神はそれをさまざまな方法で経験させてくださいますが、特に人生で出くわす曖昧な部分を通して、正しい選択と美しい決断をするようにされます。

ですから、曖昧な人生に疲れ切ってしまうことはありません。悩む必要もありません。私たちの人生の主人である神に、心の座を差し出し、神が導かれるとおりに従えばいいのです。ある瞬間に、曖昧さが鮮明さになるでしょう。なぜなら、神は曖昧なことを決めてくださる神だからです。

付録 ESSENCE BOOK

ESSENCE 01 異性との付き合いの基準

Q デート、付き合い、恋愛の基準は何ですか。

A 男女が会うことすべてが恋愛だとはいえないでしょう。男女が互いに知るために会ってみる段階はデートといえます。デートは男女が知り合うために会う段階であり、この過程ではほかの異性と会うこともできます。しかし、デートを重ねて二人だけで会うようになり、交際、付き合うという恋愛の段階につながります。交際は、互いに知り合う過程から理解する段階に発展します。交際が深まると結婚を前提に深く出会うようになります。ですから、恋愛はデートのような単純な出会いを指すのではなく、交際の段階以降だといえます。

Q クリスチャンでも別れることがあると思いますが、賢く対処する方法はありますか。

A 交際していても、別れることはあります。恋愛の段階で、結婚を前提に交際していても別れることがあります。ただ、別れるにしても後悔のない恋愛をしなければなりません。別れる理由は、親の反対かもしれないし、信仰に対する考えが違うからかもしれません。ただ、交際は、神が願っておられる家庭を築くための前段階だという点を考え、相手について慎重に考え、後悔のない交際をするようにしなければなりません。

Q　出会う相手に対する確信はどうやって得ることができますか。

A　「不信者と、つり合わないくびきをともにしてはいけません。正義と不法に何の関わりがあるでしょう。光と闇に何の交わりがあるでしょう」（Ⅱコリント6・14）。このみことばを心に刻む必要があります。交際する相手の信仰を見ることはとても重要です。本物の信仰は、異なる環境もすべて肯定的に変化させるパワーを持っているからです。信じていない人とつり合わないくびきをともにしてはならないというみことばは、信じていない人と交際もしてはいけないということではなく、結婚に関するみことばです。結婚によって信仰が生じることはほとんどありません。相手に対する確信は、心の平安とともに、その人のために自分が助け手となれるのか、相手を理解し、献身する心の準備ができているのか、それらの確信が生じることから始まります。

デートも交際もすべての可能性が開かれています。自由に会うことができ、縛られません。ただ、相手に良い影響力を及ぼすべきなのに、そうできない可能性があるなら、その恋愛は一度慎重に考える必要があります。それだけの信仰がないなら、二度、考えなければなりません。

Q　恋愛をうまくするためにどんな準備をすればいいですか。

A　三つのことが必要です。まず、自分自身を準備しなければなりません。外側の準備ではなく、内なる人の準備です。愛する心の準備、理解する心、忍耐力のような、内面を美しく備えなければなりません。第二に、知恵深く探さなければなりません。祈るだけで探さないのもダメですし、猪突猛進的に探すのも困ります。いろいろな場合を広げて機会を求めるにしても、知恵深く求めなければなりません。最後に、神の導きを信頼しなければなりません。神は必ず相手を備えておられます。その備えを信じて、神と一つのチームとなって探すとき、配偶者に出会うことができます。

ESSENCE 02　夫婦関係、回復できますか

Q　夫婦関係、なぜ問題が起こるのですか。

A　神は家庭を築く目的を持っておられるので、家族、特に夫婦に対して願いを語り、家庭を守るようにされました。夫婦の問題が起こるのは、お互いに対する理解不足のためです。神は最も良い相手を備えてくださいましたが、夫婦に対する神の御心を正確に理解できない過ち

があります。特に、男女の違いをよく理解できないせいでトラブルが生じ、さらには家族ではなく敵のように思えます。夫婦関係は愛の感情も必要ですが、それよりも互いに尊重し、知るほどに関係が良くなっていきます。

Q　神はなぜ、まず妻たちに従いなさいと命令されたのですか。

A　神は妻を夫の助け手としました。妻を助け手として立てたのは、助けることのできる能力がより優れているからです。特に、まず妻に従いなさいと語られたのは、感情的に安定し、客観的な判断力を持つ妻を通して、家庭がさらに安全と平安を保てるようにするためです。人類学的に見ても、女性は男性に比べて感情調節能力に優れるため、家庭において女性の役割はより重要です。ですから、神が妻たちに向かって、夫に従いなさいと言われたのは、家庭を安定させようという神の御心です。

Q　夫婦間の良い関係のためにはどうすればいいですか。

A　ペテロの手紙第一のみことばに答えがあります。妻はまず夫に従い、夫の話に耳を傾ける優しさが必要です。女性の最もプラス要因となる優しさは、妻の強い武器であり、力です。特に、優しい言葉と尊重する振舞いは、優しさを強くアピールすると同時に、夫を優しく変化させます。また、妻は美しくなければなりません。穏やかな心と安定によって武装した内面の美しさ、夫にきれいに見せようとする心などで、美しくなる努力をするとき、関係は発展します。妻だけが努力するのではなく、夫に与えられた神の命令も確かにあります。神は妻を自分のからだのように愛しなさいと言われました。妻の努力のように、夫も妻に対する愛、自分のからだのように大切にし愛する心があるとき、良い夫婦関係を維持することができます。

ESSENCE 03 子どもの教育、どうすればいいか

Q 子どもが祝福ではなくて苦労の種になる理由はどこにありますか。

A 神は子どもたちを、その行く道にふさわしく教育せよと言われました。しかし、行く道にふさわしく教育せず、教育という範疇の中で他人に委託しようとするので、子どもたちとの関係に問題が生じます。

Q 親は子どもに何を教えるべきですか。

A 三つあります。社会的なこと、教育的なこと、霊的なことを教えるとき、子どもたちは正しく立つことができます。社会的に、マナーと配慮は、秩序と規則、常識を身に着けることと同じです。また、知識的な教育ではなく、親自身が教育のロールモデルとなれるように教育

しなければなりません。最後に、最も重要な霊的なことを教えなければなりません。みことばと祈りだけが信仰を成熟させる道だということを教え、励まし続けることです。

Q　親はどんな心構えで教えればいいですか。

A　親が子を教えようとするときは、まず種を蒔く心、植える心が必要です。このとき、子どもたちが最も大切にしていること、最も愛されていると感じることに集中して、それに時間を投資する必要があります。第二に、親も学ばなければなりません。子どもを通して学ぶことができ、ほかの道を通して学ぶことができます。子どもの養育に王道というものはなく、多様なことを学ばなければ教えることができません。最後に、子どもを教えるためには、聖霊に全面的に依り頼む心が必要です。親の思い通りに子どもが育つのではありません。聖霊が方向を定めてくださるから可能なのであり、親は全面的に聖霊に依り頼んで、行く道にふさわしいことを喜んで教えるとき、子どものたましいは成長することができます。

ESSENCE 04　人間関係をうまく結ぶ

Q　人間関係を結ぶことはどうして難しいのですか。

A　自己中心的に考えるからです。関係は人と人が結ぶ相対的なものですが、自己中心的に相手を見るなら、関係の中で葛藤が生じるほかありません。自己愛に陥って、自分自身を愛しすぎると、相手の立場で考えることができなくなります。

Q　葛藤のある関係なら、その関係は断つべきですか。

A　関係は自分に肯定的な影響を与えるものと、そうではないものがあります。肯定的な関係は一生涯、良い価値と影響力を伝えてくれます。しかし、否定的な関係にも、強い波及力があります。否定的なものに敏感に反応する人間の本性を考えるとき、否定的な関係の影響力のほうがはるかに強いでしょう。しかし、関係は断っても断ち切れない場合が多くあります。避けられないなら、その中に込められている神のメッセージを聞かなければなりません。否定的な関係の中に、神が伝えようとするメッセージが必ずあります。自己中心的に関係を引っ張ってはいないでしょうか。神の御心からはずれる言葉や行動はありませんか。自分の意志疎通に問題があったのではないか、反省と省察をするなら、否定的な関係の中から得られる悟りがあります。

Q　関係を改善するために、どのような努力をすればいいですか。

A　関係において困難があるなら、三つの努力をするべきです。まず、自尊心を守るより、関係改善のために努力しましょう。自尊心を守っていると、解決のための時間をやり過ごしてしまいます。関係改善のために先に歩み寄るなら、効果を見ることができます。第二に、利益よりも関係にまず目を向けましょう。関係をこじらせて得る利益より、その人と結んでいる関係そのものに集中するとき、さらに良い結果を得ることができます。第三に、心の決断をしましょう。アブラハムが甥ロトとの葛藤の中で、すぐに関係を改善する努力をしたとき、神にすべてをゆだねて信仰の決断をしたように、葛藤の関係から神の前に出ていく信仰で、心の決断を下すのです。神はその決断の中に、その人の意志と心の中心をご覧になるので、考えられないような祝福で答えてくださいます。

ESSENCE 05 区別されたクリスチャンとなる基準

Q　区別された人生、真の敬虔な人生はどのような人生ですか。

A　神は信じる人々に、真の敬虔な人生、区別された人生を生きなさいと言われました。真の敬虔はうわべに見える聖さではありません。見せるための聖さ、区別ではなく、神が私たちを選んだ目的を悟り、その目的に合う人生を生きることを願っています。すでに私たちは救い主を受け入れ、神の子となったということだけで、聖なる人生を歩んでいます。世の中で暮らしながら神の子として選ばれた目的と理由を考え、それにふさわしく生きようと努力する人生が区別された人生です。

Q　区別された人生を生きている証拠はどのように現れますか。

A　真に敬虔な人生は、その人の言葉、奉仕、世に染まらないことによって、世の光、塩の役割を果たします。区別された人生を生きる人々は、励ましの言葉、立てる言葉、肯定の言葉などを通して世を明るく照らします。また、困難な状況の中でみなしごややもめを助けるなど、献身の姿に現れることもあります。この献身もまた、自己満足のための、見せるための奉仕ではなく、見えない所で、困難な状況の中でも困難な人々を助ける行いです。これが正しいクリスチャンの生き方です。また、世俗に染まってはならないというみことばのように、区別された人生は世に振り回されて生きるのではなく、世の光となり、塩となる良い影響力を与える人生です。

Q　世と区別された人生を生きるために、どうすればいいですか。

A　世と区別された人生を生きるために、私たちは絶えず神に祈り、努力しなければなりません。まず、区別された人生を生きたいと願っていながらも失敗し、倒れたとしても、回復させてくださる神を信じて回復しなければなりません。自分を回復し、考えを回復しながら絶えず訓練して忍耐するとき、少しずつ生き方が変わっていきます。聖霊によって生まれ変わったからといって、いっぺんに区別された人生を生きることは難しいです。クリスチャンの人生は回復し、訓練し、忍耐する人生です。

ESSENCE 06 苦しみを受け入れる姿勢

Q 苦難と罪はどんな関係がありますか。

A 苦難に遭うと、しばしば、どうして自分に苦難が来るのか、理由が気になります。そして自分の罪、周囲の人の罪によって苦難に遭うのだと考えます。しかし、聖書は苦難の理由を教えてくれません。ただ、私たちの苦しみと痛みは、決して神の呪いや懲らしめではないと語っています。苦難や罪は罪の実によることもありますが、そうでないこともあります。

Q 苦難がつらいのはなぜですか。

A 愛の神が愛する私たちに苦難を与えたという事実によって、苦難がつらくなります。また、苦難に遭うとき、自分一人がその重荷を負っていると考えると、もっとつらくなります。しかし、神が苦難を通して願っておられるのは、苦難の理由を知ることではなく、その苦難を通して神がどのように働かれるかを知ることです。そのみわざを通して神に対する純粋な信仰を回復し、愛を回復させようとしているのです。

Q　苦しみの中で与えられる神の慰めは何ですか。

A　神は苦難を与えますが、決して一人で苦難を負わせることはありません。神は苦難に遭う人々に、四つの慰めと約束をくださいます。神は私たちの苦しみをすでに知っておられ、その苦しみとともにおられ、必ず助けてくださり、結局は祝福にしてくださるということです。ですから苦難は、その当時は苦しいものですが、その苦しみの中にともにおられる神を信じて依り頼むとき、必ず脱出の道が生じ、苦難が有益になります。

ESSENCE 07　真のビジョン探し

Q　ビジョンの正確な意味は何ですか。

A　ビジョンは、心の中に描かれる絵です。現在の状況で描かれるイメージではなく、未来を考えるときに自分の胸を躍らせる絵のことです。その絵は神から始まる考えであり、その考えは約束のみことば、契約とともに与えられます。アブラハムが、神が下さったビジョン、空の星を見て子孫をこのようにするという神の約束を与えられ、その絵を心の中に描いて契約が行われるのを待ったように、ビジョンとは、約束のみことばとともに来て、未来に対する幸せな絵を描くことです。

Q　真のビジョンを見つけられない理由は何ですか。

A　ビジョンについて間違って理解しているからです。多くの人々がビジョンを職業だと考えています。自分がしていることがビジョンだと考えるので、していることの達成度を高めることだけを願います。また、ビジョンと野望を区別することができません。したいという思い、野望はビジョンと似て進取的なイメージを持っていますが、出所で区別できます。野望は自分がしたい気持ちですが、ビジョンは神が自分を通して願っておられることです。最後に、ビジョンは夢と似ていますが、情熱の有無によって区別されます。ビジョンには情熱が伴います。その情熱は苦しみに勝ち、忍耐するところから生じますが、夢だけ持っている人は、夢を見ても、困難なことが起こると情熱がないので中断します。

真のビジョンは自分が就いている職業でもなく、野望でもなく、夢でもありません。ただ神から来た考えを元にして未来を想像する絵であり、神が自分を通して、自分が持っている環境を通して行おうとしている御心であり、どんな苦しみの中でも神を信じているので、忍耐し、果たしていくものです。

Q　自分のビジョンのために真っ先に何を考えるべきですか。

A　まず、ビジョンは探すものではありません。神が下さるものです。ビジョンは神の約束のみことばの中で与えられ、未来から未来に向かう絵です。ですから、神が私たちに下さるビジョンをとらえたいなら、ビジョンを下さる神に対する信仰が必ず必要です。

ESSENCE 08　真の成功の定義

Q　成功の絶対的基準はありますか。

A　成功の絶対的基準はありません。成功は相対的です。自分自身が満足感を感じるとき、成功の基準は高くなっていきます。ですから、いわゆる成功した人々の中に、不幸な人生を選択する人々が少なくありません。成功しても不幸な人生を生きる多くの人々は、成功の絶対的基準はないという事実に落胆し、どうしても成功をとらえることはできないという喪失感の中で生きるしかありません。

Q　成功しても幸福でない理由は何ですか。

A　世が成功を見る基準に人が恋々とするからです。世が人を評価する六つの基準は、その人がどんな見た目か、どれほど多く持っているか、どんな立場にいるか、どれほど力があるか、成果があるか、学歴があるか、です。多くの人々は、成功したと評価されるとき、この六つの基準を物差しにしますが、絶対的な評価ではありません。その人が置かれている状況や環境は変化し続けるからです。また、見えるものではなく、存在に対する省察なしには、成功も無意味です。

Q　真の成功とは何ですか。また、そのような人生を生きるためにどうすればいいですか。

A　真の成功は幸福な人生です。真に幸福な人生を生きるためには、これまで考えていた幸福の蜃気楼を壊さなければなりません。幸福は、自分の存在価値を悟るところから始まります。私たちの存在価値は神がすでに教えてくださいました。高価で尊い存在、愛する子という存在が私たちなので、その存在が尊く表れるように分かち合いと施しと、ささげることの三つを実践して生きなければなりません。存在に対する悟りなしには、施し、ささげ、分かち合う行為は苦行や善行にすぎません。絶対的に神に尊いとされているという存在感を悟り、実践し、神を喜ばせなければなりません。

ESSENCE 09　神の御心を知りたい！

Q　神の御心だと錯覚するのは、どんな場合がありますか。

A 自分が思い通りに決めておいて、御心になるまで試すとき。

迷信や呪文を唱えるようにみことばを選んで、神の御心だと受け入れるとき。

夢や幻、預言などに百パーセント依存するとき。

一度だけ祈って、受け取った応答がすべてだと考えるとき。

自分はよくてもほかの人には傷になるとき。

周囲の環境が開かれるからといって、すべて神の御心なわけではないとき。

Q 神の御心に込められた原理が知りたいです。

A 神の御心には、五つの原理が込められています。

第一、極めて個人的である。神は私と一対一で、私に合う御心を与えてくださいます。

第二、ステップ・バイ・ステップ（step by step）。そのとき、そのときに、御心を示してくださる。人生の全ストーリーを一度に知ることはできません。

第三、無条件に良い御心である。すべてを働かせて益とする神です。

第四、神との交わりのため。神は私と考えを分かち合うことを願っておられます。

第五、従順が必要である。無条件に従いますという告白を通して、祝福することを願っておられます。

Q　普段、神の御心をよく知るためには、どうすればいいですか。

A　神の御心をよく知るためには、七つの原則を覚えてそのとおりに行いましょう。

第一、神のみことばを通して知る。みことばは、すなわち神だからです。

第二、祈りを通して知る。祈りはすなわち神との対話、神のみことばを聞くことです。

第三、聖霊の導きを通して知る。私たちは足りないので、聖霊が私たちを動かします。

第四、周囲の環境を通して知る。環境が開かれたならすべてが神の御心というわけではありませんが、時には道を開いて語られます。

第五、敬虔な信仰者との交わりを通して知る。自分を良く知る信仰の先輩との交わりは、悟りの目を開いてくれます。ただ、預言などを絶対的に信頼してはいけません。

第六、心の願いを通して知る。心に強い願いが起こるとき、それを神のみことばで確信しなければなりません。

第七、心の平安を通して知る。神の御心は人の心を平安にします。ただ、自分と周囲の両方に平安があるか、よく知る必要があります。また、二、三度求めて、平安が続くなら、神の御心です。

ESSENCE 10

思い通りに生きる人生

Q 本物の信仰と偽物の信仰はどのように違いますか。

A 本物の信仰は見えないものを信じるものです。信仰は望んでいる事がらを保証し、目に見えないものを確信させるものだというみことばのように、本物の信仰は見えないもの、望んでいるものを描いて信じるものです。また、本物の信仰は自分自身を信じるのではありません。信仰の対象が無条件に神に向かっていなければなりません。自分がどんな対象に向かって信仰を持っているか、必ず点検しなければなりません。

Q 信仰のうちに生きているか、どうすればわかりますか。

A 信仰は日常生活に現れます。口では神を信じると言いながら、日常生活で信仰によって生きていないなら、真の信仰ということはできません。生活の中で神に対する信仰を見せることが真の信仰です。

Q 信仰によって生きるためにどうすればいいですか。

A 第一、神が善であることを握りしめましょう。神の御心は無条件に良いもの、すべてを働かせて益とされるので、その善を最後まで信じて握りしめましょう。
第二、神の絶対的な全能を信じましょう。神の全能は私の望み、私の願いを成就するところにあるのではなく、神の御心を成就するところに現れます。その全能を信じて制限しないなら、すばらしいみわざが起こります。
第三、みことばをそのまま行いましょう。行いのない信仰は死んだ信仰です。信仰が生きるためには、神を全面的に信頼し、みことばどおりに実践する、その行いがなければなりません。

ESSENCE 11 祈りに対する私たちの姿勢

Q 上手な祈り、下手な祈りはありますか。

A 祈りは、神と自分の対話であり、コミュニケーションです。祈りには上手下手の基準がないので、上手な祈り、下手な祈りはありません。

Q なぜ、祈りの応答を受けられないのですか。

A まず、祈りの対象がはっきりしないからです。祈りは神との対話であり、交わりです。答えられない祈りは、祈りを受け取る神という対象をはっきりとさせないからです。まるで一人二役をするように、自分の考えや願いだけを口にして終わる祈りは上っていきません。また、祈りを受け取る神について誤解しているからです。神はサンタクロースではなく、安楽椅子に座って居眠りする老紳士でも、魔法のランプから出てくる魔神でもありません。無条件にプレゼントをくださる方でも、ゆすって起こさなければならない方でも、願いを言うだけでかなえてくれる方でもないのです。私たちが祈る対象は全能の神、生きておられる神、愛の神です。

応答は、私たちの願い通りにかなうことではないかもしれません。祈りは自分の願いを果たすことではなく、神の御心を果たすことだからです。ですから、全能の神、生きておられる神、愛の神に心から告白し、応答を待てばいいのです。

Q　祈りの時間、場所、長さなど、曖昧なことについての目安が気になります。

A　祈る時間＝いつでも、自由な形式で

祈る場所＝どこでも

祈りの長さ＝心から祈っていると感じるまで（神以外にほかの考えをしなくなるまで）

祈りの声＝自然な自分の声で（聖く見せようとしたり、飾ったりして自分の声ではないことがないように）

祈りの内容＝祈りの種類によって自分のために祈ることも、ほかの人のために祈ることもしなければなりません。ただし、祈りの種類について知る必要があります。

ESSENCE 12 救い、確信していますか

Q **イエスを信じる人はだれでも、救いを確信していいですか。**

A 神はイエスを救い主として受け入れた人には、だれにでも救いを贈り物としてくださいました。信仰の深さ、信仰の年数に関係なく、神は、受け入れる人、すなわちその名を信じる人には神の子とされる特権をお与えになったと言います。ですから、奥地に行っている宣教師も平穏に信仰生活をしている人も、神の子となった人はだれでも、永遠のいのちを得て救いを贈り物として受け取ります。

Q **一度下さった救いは、取り上げられることもありますか。**

A 一度下さった救いの贈り物は、取り上げられることはありません。そのため、心からイエス・キリストを受け入れた人々はだれでも永遠のいのちを得ます。信仰生活が弱くなることもあり、教会を離れることもありますが、その人たちもまた、救われた人々です。しかし、重要な事実は、彼らがイエス・キリストを心から受け入れたなら、必ずイエスに立ち返るということです。

Q　すでに救われたのだから、罪を犯しても大丈夫ですか。

A　救いは贈り物として受け取るものですから、良い行いや、自分の意志によって手に入れられるものではありません。ただイエスから来るものであり、受け入れさえすれば救われます。だからといって、クリスチャンとしていいかげんな信仰生活を送ってはいけません。神は、世で建物を建てれば大きな報いをくださいますが、建物が焼けてしまえば火の中をくぐるようにして助かります。

火の中をくぐるようにして助かるとは、かろうじて救われることを意味するので、世での建物が焼けないように注意しなければなりません。その一つが、毎日足を洗うことです。イエスも弟子たちに、体はすでに水浴したが、足は毎日洗わなければならないと言いました。信じる人々に、罪について目を覚まさせるためです。救われた人々が犯す罪は、死に移される罪ではありませんが、神との関係をゆがませる罪になるので、日々罪から洗われて、建物が焼けないように祈らなければなりません。

訳者あとがき

私たちは毎日、何らかの選択を迫られます。すぐに決断できるものはいいですが、曖昧な問題であればあるほど、後回しにしたり、期限に迫られて決定したものの後になって「本当にこれでよかったのか」と不安になったりします。本書は人生でぶつかるさまざまな曖昧なことに焦点を当て、聖書に書かれている神様によって判断することを教えてくれています。決して理想論ではなく、著者が経験した実例を通して、目に見えない神に従う選択の祝福がはっきりと語られています。訳者自身も翻訳中に重大な選択を迫られることがあり、神が下さるビジョンについて、祈りの答えについて、本書から示唆を得、確信をもって決断することができました。

なお、一八六頁のC・S・ルイスのことば、一八九頁からのバニヤンの逸話については、引用元を特定することができませんでした。ご存じの方がおられましたら、ご教示いただければと思います。

最後に、本書の翻訳を助けてくださった宣銀均宣教師ご夫妻、編集のために多大な労をとってくださったご担当者の方々、そして、祈りをもって支え、励ましてくださった草加福音自由教会の高尾浩史牧師はじめ愛する兄姉に心から感謝を申し上げます。

二〇一八年八月　　　　　松田　悦子

ジン・ジェヒョク（ピーター・ジン）

高校時代よりアメリカで育ち、バージニア州立大学で心理学を専攻。トリニティ神学校で牧会学修士（M. Div）、フラー神学校で宣教学修士学位（Th. M）とリーダーシップ哲学博士学位（Ph. D）、ミッドウェスタンバプテスト神学校で牧会学博士学位（D. Min）を取得。アメリカの教会に仕えた後、アフリカ・ケニアの宣教師として若きリーダーたちと奉仕。その後、韓国・地球村教会で外国語礼拝部の担当牧師となり、大学でも教鞭をとる。2005年からアメリカ・ニュービジョン教会を牧会し、2011年から韓国・地球村教会の主任牧師。多文化を理解し、グローバル時代に似つかわしい識見を持つリーダーシップの専門家。「神はすべてのクリスチャンが霊性リーダーとなり、世に出て行き、光と塩として生きることを願っている」とリーダー育成に尽力。韓国で著書多数。邦訳に『世の中心に立つ霊性リーダーシップ』（いのちのことば社）がある。

松田悦子

高校2年生の時、クラスメートを通じて神様と出会う。1994年に来日した韓国の賛美チームとの出会いをきっかけに韓国語を学び始める。2007年から韓国・ソウルの長老会神学大学校神学大学院で学び、2010年卒業。母教会である東京武蔵野福音自由教会の事務スタッフとして1年間奉仕した後、2011年より草加福音自由教会、2018年9月より阿武山福音自由教会で奉仕。訳書に『霊性リーダーシップ』（ジン・ジェヒョク著、いのちのことば社）、『お?! 聖書が読めてくる』（イ・エシル著）、『恋愛の品格』（パク・スウン著）（いずれもDURANNO）がある。

好評既刊

『世の中心に立つ霊性リーダーシップ』

ジン・ジェヒョク 著

松田悦子 訳

この世のリーダーたちは、力や恐れ、アメとムチで人々を導く。だが、真のリーダーシップとは神から与えられたビジョンを見上げ、神のフォロワーとして、人々を導くことである。この世にも通用する「真のリーダー論」をまとめた著者の真骨頂となる書。

人生の選択に迷うとき
悩めるクリスチャンのための指針

2018 年 10 月 1 日発行

著　者　ジン・ジェヒョク

訳　者　松田悦子

印刷製本　シナノ印刷株式会社

発　行　いのちのことば社

〒164-0001 東京都中野区中野2-1-5
電話 03-5341-6923（編集）　03-5341-6920（営業）
FAX03-5341-6921
e-mail:support@wlpm.or.jp　http://www.wlpm.or.jp/

乱丁落丁はお取り替えします。ISBN978-4-264-03950-1